무한 상상력을 위한
생각의 합체

정재승 · 진중권 지음

웅진 지식하우스

차례 ++++++++++++++++++++++++++++++

프롤로그 충돌과 합체의 퍼포먼스 8

01 입맛으로 나, 우리, 그들을 구별하는 세상 스타벅스 12

02 디지털 세상, 어떤 사람이 구루가 되는가 스티브 잡스 26

03 검색을 잘하면 지능도 발달할까 구글 42

04 미래를 예측한다는 위험한 욕망 마이너리티 리포트 58

05 캔버스 위 예술가와 실험실의 과학자 사이 제프리 쇼 72

06 소년공상만화가 감추고 있는 그 무엇 **20세기 소년** 88

07 다음 세기에도 사랑받을 그녀들의 분홍 고양이 **헬로키티** 104

08 기술은 끊임없이 자아도취를 향한다 **셀카** 120

09 왜 눈 위의 작은 선 하나가 그토록 중요한가 **쌍꺼풀 수술** 136

10 아름다움도, 도덕도 스스로 창조하라 **앤젤리나 졸리** 152

11 악마도 매혹시킨 스타일 **프라다** 168

++++++++++++++++++++++++++++++

12 마시는 물에도 산 것과 죽은 것을 구별하는 이유 생수 *184*

13 나는 모든 것을 다 보고 싶다 몰래카메라 *200*

14 웃음, 열등한 이들의 또 다른 존재 증명 개그콘서트 *216*

15 끼와 재능도 경영하는 시대 강호동 vs 유재석 *230*

16 그곳에서는 정말 다른 인생이 가능할까 세컨드 라이프 *246*

17 집단 최면의 시간 **9시 뉴스** 262

18 작게 쪼갤수록 무한 확장하는 상상력 **레고** 276

19 사이버 민주주의를 실험하다 **위키피디아** 292

20 예술의 경계가 무너지다 **파울 클레** 308

21 지식의 증명서? 혹은 사람의 가격? **박사** 324

에필로그 **생활 세계의 현상학** 340

✛ 프롤로그

충돌과 합체의 퍼포먼스

미학자와 과학자가 만나서 문화 현상에 대해 수다를 떨면 얼마나 재미있을까? 편의점에서 사 먹는 생수나 영화 〈원티드Wanted〉의 주인공 앤절리나 졸리, 혹은 즐겨 읽었던 만화책 《20세기 소년》에 대해 미학자는 어떻게 바라보고 있으며 과학자는 또 어떻게 생각하는지를 서로 나눈다면 참 재미있겠다 싶었다. 이 책은 이렇게 엉뚱한 생각에서 시작됐다.

파울 클레에서부터 〈개그콘서트〉에 이르기까지, 다양한 문화 현상에 대해 깊이 있는 미학적 통찰을 지닌 동시에 전방위적 글쓰기가 가능한 학자로 제일 먼저 떠오른 사람은 단연 진중권 선생이었다. KAIST 수업 때 진중권 선생을 몇 번 초대하고 그가 운영하는 기술미학연구회에 참여하면서, 그리고 몇몇 강연회를 함께하면서, 예술과 문화를 꿰뚫는 방대한 지식과 진지하면서도 열정적인 그의 강연에 항상 놀라곤 했다. 조심스럽게 꺼낸 나의 생각에 진중권 선생도 흔쾌히 "yes!". '크로스 프로젝트'는 이렇게 시작됐다.

이 책은 21세기를 관통하는 문화 키워드 21개를 미학적 관점과 과학적 관점에서 해석했다. 미학과 과학이라는 씨줄과 날줄이 만나 21세기 한국이라는 이제 막 진입한 시·공간을 흥미롭게 조망하고, 이 시대를 이해하는 유익한 통찰력을 제공한다. 이를 통해 사람들로 하여금 사회학이나 인류학, 건축학, 경제학, 천체물리학, 전자공학, 예술 등 전혀 다른 관점에서 우리의 글을 해석하고 바라보면서 자신들의 관점을 덧붙이고 싶은 충동을 느끼게 하는 것, 그것이 바로 '크로스 프로젝트'의 야심 찬 목표였다.

그러나 가지 않은 길은 역시 외롭고 혼란스러운 법. 길을 찾지 않고 만들어야 하는 자들의 숙명이라고나 할까? 두 사람이 만나 '이 시대를 관통하는 문화 키워드 21개'를 선정하는 작업부터 만만치 않았다. '스티브 잡스'나 '구글', '위키피디아', '파울 클레'처럼 별 어려움 없이 쉽게 선정한 키워드들도 있지만, 대부분은 오랜 숙고가 필요했다. 서로 세상을 바라보는 시각이 다르고 문화적 취향이 달라 쉽지 않은 작업이었다. 무엇보다 '21'이라는, 세상을 이해하기에 턱없이 부족한 숫자를 두고, 21을 넘기면 죽는다는 블랙잭Blackjack 플레이어의 심정으로 하나하나 리스트를 채워갔다.

처음에는 잘 몰랐는데 지금에 와서 돌이켜보니, '레고'나 '박사', '생수', '셀카' 같은 키워드들은 주목해야 할 매우 적절한 문화 현상 혹은 사회현상이었다는 생각이 든다. 하나의 단편적인 현상이나 제품이 그 안에 거대한 세상의 속성을 그대로 담고 있어, 그 하나를 깊이 이해하는 것만으로 세상에 관한 불편한 진실을 엿본 느낌을 얻을 수 있을 것이다. 짧은 글이지만 독자들의 전전두엽을 지적으로 자극하고 뉴런들 속에서 새로운 생각이 잉태되는 단초가 되었기를 바란다.

반면에, '헬로키티'나 '유재석', '제프리 쇼' 등은 이번 글을 계기로 과학적으로 분석하고자 제대로 들여다보고 공부한 경우라고 할 수 있다. 덕분에 좋은 고민의 기회를 갖게 돼 유익한 시간이었다. 인터넷이나 책을 뒤져 쉽게 얻을 수 있는 정보가 아니라 예민한 관찰력과 과학적 통찰력이 어우러진 글을 쓰려고 나름대로 노력했는데, 그 과정에서 많은 것을 배웠다. 원래 '책'이란 읽는 이보다 쓰는 이에게 더 유익한 것 아닌가. 독자들에게 깊은 감사의 마음을 전한다(그렇다고 인세를 반납하라고 하진 마시길!).

나처럼 '복잡한 시스템Complex systems'을 연구하는 과학자는 근본적으로 세상이 하나의 방식으로 이해되지 않는다고 믿는다. 특히나 '뇌'라는 경이로운 생체 기관을 머리 위에 탑재한 인간이 만들어내는 현상은 더욱 그럴 것이다. 세상이 만들어내는 현상은 대부분 그 안에 존재하는 다양한 요소가 서로 영향을 주고받으면서 흥미롭고 때로는 경이로운 특징을 만들어낸다. 이런 세상을 총체적으로 이해하려면 본질적으로 서로 다른 생각들이 끊임없이 교차하고 서로 소통해야 한다. 이 거대한 우주 앞에서 '인간의 과학적 탐구'란 기껏해야 '장님 코끼리 만지기'에 불과하겠지만, 코끼리를 만진 장님들이 만나 소통한다면 제대로 된 코끼리를 못 그려낼 것도 없지 않은가!

여기 두 학자가 미학과 자연과학이라는 매력적인 학문을 통해 사소하면서도 흥미로운 것들에 대해 때로는 열광하고 때로는 비판하면서 벌이는 '충돌과 합체의 퍼포먼스'를 맘껏 즐기시길 바란다. 예전에 즐겨보던 만화영화 〈아이젠버그〉에서 철이와 영희가 만나 "크로스!"를 외쳤던 것처럼, 세상을 해석하는 생각 조각들이 합체되면서 독자들의 상상력을 자극하고 창의적인 아이디어를 진화시킨다면, 그것만으로도 '우리의 엉뚱한 생각'은 충분히 의미 있는 도전이었다고 믿는다.

정재승

01 ✚ 스타벅스

입맛으로 나, 우리, 그들을 구별하는 세상

당신은 어디에서 커피를 마시는가?

'취향 공동체'의 탄생

커피가 아니라 브랜드를 사고
상품과 상품 사이의 '차이'를 소비하네

+진중권

"언제 한국 사람이 다 됐다고 느끼는가?" 한국에 사는 어느 외국인이 인터넷에 올린 글이다. 대답은 다양하다. "식당에 가서 아줌마 '빨리빨리'라고 외칠 때." "두루마리 휴지가 식탁에 있어도 아무렇지도 않을 때." 그중에는 이런 것도 있다. "자판기 커피가 맛있다고 느껴질 때." 실제로 유학 갔다 처음 돌아왔을 때만 해도 자판기 커피는 끔찍했는데 요즘은 자판기 커피가 정말 맛있다. 그것의 진정한 매력은 물론 타의 추종을 불허하는 압도적인 가격 경쟁력이다.

자판기남과 스타벅스녀의 격돌

커피 한 잔에 300원 하는 사회에서 스타벅스Star Bucks는 가끔 문제로 여겨진다. 자판기 남성 중 몰지각한 일부는 700원짜리 삼각김밥으로 점심을 때우면서 한 잔에 5000원짜리 스타벅스 커피를 마시는 '된장녀'를 비난한다. 하지만 5000원짜리 밥 사 먹는 주제에 술집 가서는 수십만 원을 쓰는 '된장남'의 행태가 문제가 되는 경우는 좀처

럼 없다. 커피 한 잔을 둘러싸고도 성 권력은 어김없이 끼어드는 모양이다. 이보다는 좀 더 합리적인 이유로 공격하는 경우도 있다.

"매일 식사 후 습관처럼 마신다고 했을 때 한 달에 20일만 잡아도 족히 10만 원은 된다. 적립식 펀드를 하나 더 가입할 수 있는 자금이다. 1년이면 원금만 120만 원, 10년이면 1200만 원, 50년이면 6000만 원이 된다. 지금 마시고 있는 커피 한 잔의 가치는 5000원이 아니라 미래의 6000만 원이다." 《스타벅스 커피를 마시는 여자, 스타벅스 주식을 사는 여자》라는 책에 나오는 구절이라고 한다. 그 책의 저자에게 그 6000만 원으로 나중에 뭐 할 거냐고 물으면 이렇게 대답하지 않을까? "스타벅스에 가서 커피 마시지."

'취미' 혹은 '취향'이라는 낱말은 글자 그대로 입맛taste을 뜻했다. 이 낱말이 이성중심주의 문화 속에서 시각과 청각의 섬세함으로, 지각 능력으로 전의된 것이다. 노르베르트 엘리아스Norbert Elias는 감각의 섬세화를 문명화 과정, 특히 궁정화의 산물로 설명한다. 폭식과 폭음을 일삼던 중세의 호전적 전사들이 궁정에서 귀족으로 변신하는 과정에서 점차 취향의 섬세함을 평가하게 됐다는 것이다.

이 세련된 궁정 취향은 훗날 시민계급에 받아들여지고, 민주주의와 시장주의의 확산을 통해 일반 시민들에게까지 퍼진다.

'취미'의 탄생을 목격한 최초의 증언은 세르반테스 사아베드라 Miguel de Cervantes Saavedra의 《돈키호테》가 아닐까. 거기에는 산초 판사가 제 조상 자랑을 하는 장면이 나온다. 자기 조상 중에 형제가 있었는데, 와인을 맛보는 섬세한 미각으로 유명했단다. 훌륭한 와인 통을 개봉하는 날, 동네 사람들이 그들에게 맛을 봐달라고 부탁했다. 먼저 맛을 본 형은 "맛이 훌륭하나 어딘지 금속 맛이 남는다"라고 했고, 동생은 "맛이 훌륭하나 어딘지 가죽 맛이 남는다"라고 했다. 사람들은 형제를 비웃었지만 나중에 다 비운 와인 통 바닥에서 가죽 고리가 달린 열쇠가 나왔다나?

미학을 닮아가는 미래의 경제학

커피가 와인과 달라야 할 이유가 어디에 있는가? '스타벅스'는 유럽의 섬세한 커피 취향을 미국에 도입해 성공을 거두었다. 어떤 원두를 어떻게 갈아 무엇과 섞느냐에 따라 다양한 커피가 만들어진다. 마담이 타주는 다방 커피에 달걀노른자를 띄워 먹다가, 설탕과 크림 분말의 혼합비로 취향을 드러내는 단계를 거쳐, 원산지가 다양한 커피들의 질적 차이에 대한 감각을 섬세히 분화시키는 단계. 거기에는 거부할 수 없는 문화적 필연성이 있다. ==스타벅스는 커피의 입맛taste을 하나의 미학적 취향taste으로 바꿔놓았다.== 스타벅스는 커피 이상의 현상으로, 그들이 파는 것은 커

© Jake Ji

피가 아니라 브랜드다. 사이렌이 그려진 로고가 달린 머그잔·티셔츠·일기장은 문화적 아이콘으로 소비된다. 빈티지풍의 푸른색 사이렌 로고는 제법 고풍스러운 원본의 아우라를 풍기며 스타벅스의 뿌리 없음을 슬쩍 은폐한다. 커피 잔과 아이템 위에 새겨진 사이렌의 로고는 그것을 소유한 이가 어떤 '취향 공동체'의 일원이라고 말해준다. 일종의 '종족화' 현상이랄까.

고객은 "거기에 가면 늘 뭔가 새로운 아이템을 발견할 수 있기 때문에" 스타벅스를 찾는다고 말한다. 그 아이템은 물론 물질적인 것에 국한되지 않는다. 스타벅스는 커피가 아니라 커피의 취향을 팔고, 나아가 문화적 취향을 판다. 스타벅스는 매장에 흐르는 음악의 선곡자이며 읽을 만한 책의 추천자이자 볼 만한 공연의 기획자다. 그것은 취향의 방향을 결정하는 비평가다. 듣자 하니 기존의 아이템을 선택하는 수준을 넘어, 앞으로는 아예 새로운 저자, 새로운 가수를 발굴해 소개하고, 새로운 영화까지 만들 예정이란다.

스타벅스는 식품산업을 문화산업으로 변화시켰다. 물론 이는 스타벅스만의 전유물이 아니다. 애플Apple 사용자들은 컴퓨터의 성능이 아니라 디자인으로 자신의 문화적 정체성을 연출하는 데 민감하다. 애플숍에서는 컴퓨터와 주변기기만 파는 게 아니다. 그들은 취향을 판다. 사용자들이 자사의 기기가 아니라 브랜드를 소비하고 있다는 것을 잘 알기 때문이다. 이 전략이 보여주는 것은, 미래의 경제학은 점점 더 미학을 닮아간다는 사실이리라.

스타벅스를 바라보는 또 하나의 삐딱한 시각은 사회학에서 나온다. 상품을 통해 특정 계층에 속한다는 사실을 과시하는 것을 장 보드리야르Jean Baudrillard는 '파노플리 효과'*라고 불렀다. 피에르 부르디외Pierre Bourdieu라면 이를 계급적 차이를 드러내기 위한 '구별 짓기'로 설명할지 모르겠다. 시뮬라시옹Simulation의 세계에서는 허구 자체가 세계가 되는 법. 허구로서의 커피, 서사로서의 커피가 오늘날에는 이미 에스프레소의 진한 액체만큼 진한 물질적 현실이다.

대중은 상품과 상품 사이의 '차이'를 소비한다. 중요한 것은 사용가치가 아니라 기호가치다. 생산과 소비의 물질적 모델은 산업사회에 속하는 것. 그것에 대한 정보사회의 모델은 비非물질화 혹은 재再물질화, 다시 말해 물질이 아닌 브랜드 그 자체, 혹은 물질의 디자인과 결합된 브랜드일 것이다. 스타벅스는 취미를 선사하고 전달하고 창조하는 문화적 매체다. 오늘날 기업은 취미로 묶인 상상의 공동체를 수신자로 갖는 미디어가 됐다. ✚

---

* **파노플리 효과** Effet de panoplie

파노플리란 '집합(set)'이라는 뜻으로, 판지에 붙어 있는 경찰관 놀이 장난감 세트처럼 '동일한 맥락의 의미를 가진 상품의 집단'을 말한다. 어린아이가 경찰관 놀이 세트를 사용하면 마치 경찰관이 된 것 같은 기분을 느낀다. 마찬가지로 파노플리를 이루는 상품을 소비하면 그것을 소비할 것이라고 여겨지는 집단에 소속한다는 환상을 주는데, 이를 파노플리 효과라고 한다.

스타벅스에선 가장 작은 것, 가장 싼 것을 시키면서도
'톨tall'이라고 주문해야 한다.

예술의 옆에 커피 '과학'을

과학기술자들의 불면증으로 시작해
21세기형 인간의 뇌를 중독시켰네

+ 정재승

1980년대 초반, 시애틀의 한 커피숍이 '우유가 들어간 따뜻한 커피'를 팔면서 읽기도 힘든 이탈리아어를 메뉴판에 써넣기 전까지 미국 사람들은 '카페라테 Cafe Latte'라는 단어를 알지 못했다. 매년 전 세계 지구인들에게 23억 잔을 팔고 매주 원두 900톤을 포장 판매하며 연간 10조 원의 매출액을 올리는 다국적 기업. '공정무역 커피'라는 이름으로 커피 문화 운동에 동참하면서도 매출액의 90퍼센트가 순이익이어서 창업자 하워드 슐츠 Howard Schultz를 평범한 지배인에서 25년 만에 세계 359위의 부자로 만들어놓은 커피숍 스타벅스. 그들은 어떻게 지구라는 거대한 행성의 도시 곳곳에 달콤한 커피 향을 흩뿌릴 수 있었을까?

종이컵에 담긴 고급문화

스타벅스가 지금과 같은 인기를 누리게 된 이유를 추적하다 보면, 과학이 크게 한몫했다는 사실에 놀란다. 미국 내 커피 소비량이 꾸준히 줄어들던 1980년대 초반 무렵, 이탈리아에 갔다가 에스프레소 커피 향에 매료된 하워드 슐츠는 원두를 파는 시애틀의 작은 커피 가게를 인수해 커피숍으로 바꾸고, 50센트 커피 시대에 무려 3달러짜리 커피를 팔기 시작했다. 그것도 종이컵에.

그러나 그가 종이컵에 담은 것은 커피만이 아니었다. 그가 담은 것은 커피를 향유하는 유럽의 고급문화. 메뉴판의 모든 커피 이름을 이탈리아어로 바꾸고, 매장을 온통 진한 커피 향으로 가득 메웠다. 벽면은 고급스러운 갈색 톤으로 바꿔놓았고, 예술적 감각이 살아 숨쉬는 미적인 그림들로 채웠다. 또 고급스러운 재즈 음악을 맘껏 들을 수 있는 공간으로 바꿔놓았다.

스타벅스 분위기에 흠뻑 빠진 사람들은 다름 아닌 시애틀의 과학기술자들이었다. 비가 많이 오고 밤이 길어 '우울한 도시'였던 시애틀에 빌 게이츠의 마이크로소프트Microsoft 본사가 들어서고 관련 정보기술IT 기업들이 줄지어 시애틀로 들어왔지만, 그곳에서 일하는 과학기술자들이 즐길 만한 곳은 그리 많지 않았다. 임금 수준이 높고 지적인 과학기술자들은 이탈리아어를 동경했고, 무엇보다 자신들의 사회적 지위를 드러내려는 욕구가 강했다. 컴퓨터를 주무르던 과학기술자들은 스타벅스를 찾는 것으로 자신의 지위를 드러냈고, 3달러짜리 스타벅스 커피는 시애틀의 과학기술자들을 몹시도 잠 못 이루게 했다. 이렇게 과학기술자들은 스타벅스를 하나의 문화로 받아들이며 그것을 다른 주로 널리 퍼뜨리는 데 결정적 역할을 했다.

뜨거운 커피에 손을 데지 않도록 종이를 둘러주는 아이디어도 스타벅스가 처음 낸 것이었고, T 모바일과 제휴해 무선 인터넷을 무료로 제공하는 것도 미국 내 스타벅스가 처음이었다. 지금은 미국뿐 아니라 전 세계 어느 곳이든 스타벅스에 가면 대학생이나 직장인, 혹은 작가들이 커피 향에 둘러싸여 노트북으로 작업하는 모습을 심심찮게 볼 수 있는데, 스타벅스와 너무나 잘 어울리는 풍경이다.

로고에 즐거움의 중추가 반응하다

스타벅스와 관련해 눈여겨볼 만한 사실 중 하나는 그들이 광고를 전혀 하지 않는다는 점이다. 미국 내에서 '싸고 맛있는 커피'로 유명한 던킨도너츠는 "우리들이 사랑하는 도너츠"라고 외치고 맥도널드도 다른 커피 회사와 제휴해 맛있는 커피를 함께 즐기자며 유혹하지만, 낭만과 신비를 파는 스타벅스는 광고를 하지 않는다. 아마도 이것 역시 고급화 전략 중 하나일 텐데, 그 대신 스타벅스는 '스타벅스 엔터테인먼트'를 만들어 음반을 판매하고 있다. 그들은 비틀스의 폴 매카트니Paul McCartney와 독점 계약을 해 그의 새 앨범을 스타벅스에서만 살 수 있도록 하는 방식으로 자신들의 이름을 '예술'이 받아들여지는 대뇌 영역 옆에 끼워 넣기를 하고 있는데, 스타벅스가 내놓은 음반이 그래미상을 받은 경력만도 여덟 번이나 된다.

    뇌 영상 장치 안에 들어가 있는 일반인들에게 전 세계에서 가장 많은 매장을 가진 햄버거 가게의 로고를 보여주면, 그들의 뇌 영역 중 '고통과 불쾌'를 표상하는 인슐라Insula가 활성화된다. 흔하고 값이 싸며 나를 살찌우는 정크푸드라는 이미지가 강한 것이다. 하지만 초록 여신이 자태를 드러내고 있는 스타벅스 로고를 피험자들에게 보여주면, 즐거움의 중추Nucleus Accumbens와 브랜드의 가치를 음미하는 전전두엽prefrontal cortex이 활성화되기 시작한다. 스타벅스는 어떻게 전 세계 사람들을 초록색 로고에 긍정적으로 반응하게 만들었을까?

스타벅스는 '긍정의 심리학'을 십분 활용하는 매장이다. 커피숍에서 가장 많이 팔리는 사이즈는 단연 '스몰small'이다. 하지만 스타벅스에선 가장 작은 것, 가장 싼 것을 시키면서도 '톨tall'이라고 주문해야 한다. 돈 내고 커피를 사 먹으면서도 '스몰'이라고 주문하며 주눅 들 필요 없이, 작은 것을 사면서도 당당하게 '톨'이라고 외치도록 만든 것이다. 더 큰 것들은 '그란데grande', '벤티Venti' 같은 이탈리아어 이름으로 사용함으로써 사람들의 자존심을 상하게 하지 않고 오히려 자존감을 높인 것은 사람들의 심리를 놀랍도록 꿰뚫은 마케팅 전략이다(우리나라에선 최근 '쇼트short' 같은 단어를 쓰고 있긴 하다).

게다가 좋은 품질과 친환경을 상징하는 초록색 로고도 기여한 바 크고, 공정무역 커피를 사용한 것도 스타벅스의 친환경 이미지와 잘 맞는다. 커피를 재배하는 약소국들에 정당한 가격을 지불하고 품질 좋은 커피를 안정적으로 공급받는 커피 문화 운동의 일환으로, 스타벅스는 에티오피아 등 28개 나라로부터 질 좋은 커피를 수입해 매년 78억 7000만 리터를 추출하고 있다. '커피' 하면 중노동에 시달리면서도 턱없이 낮은 임금을 받는 가난한 노동자들이 떠올라 커피를 즐기지 못하는 사람들도 커피를 사 마실 수 있도록 죄책감을 덜고 있다. 나의 먹고 마시는 행위가 지구를 더럽히거나 오염시키는 것이 아니라 좋은 일에 참여한다는 마음이 들게 만든 것도 유효한 전략이었다.

21세기 전략, 문화를 팔아라

환경과 '부의 재분배', '삶의 질'이 가장 중요한 화두로 떠오른 21세기. 미국 내 매장이 대규모 감축되고 경쟁 커피숍들이 속속 등장한다고 해도, 스타벅스는 한동안 건재할 것이다. 맥도널드가 맥커피로 공략하고 던킨도너츠의 커피도 훌륭하지만 스타벅스의 전략을 앞지르진 못할 것이다(커피를 멀리하고 차만 즐긴다는 중국에서도 스타벅스만은 길게 늘어선 줄이 끊이지 않는다질 않는가!).

'상품을 파는 것이 아니라 문화를 파는 것'이라는 그들의 마케팅 전략이 21세기 문화산업의 중요한 프로토타입으로 오랫동안 유효할 것이기 때문이다. 이스라엘과 팔레스타인 분쟁에서 스타벅스가 한 행동을 보면 정치적으로 무지 얄밉지만, 스타벅스는 우리나라에서 '21세기를 읽는 가장 중요한 키워드'가 될 것이다. ✛

■ 스타벅스의 국제적 확장

스타벅스는 시애틀과 워싱턴에 본사를 둔 글로벌 커피 전문점이다. 세계에서 가장 큰 커피점으로 전 세계적으로 약 49개 국가에 1만 6635개의 매장이 있다. 그중 가장 많은 곳은 역시 미국으로 약 1만 1068개(6764개는 직영점, 4304개는 프랜차이즈)가 있다. 뒤를 이어 캐나다에 약 1000개, 일본에 약 800개의 매장이 있다.
북미가 아닌 지역에 처음으로 스타벅스 매장을 연 국가는 일본, 1996년에 문을 열었다. 스타벅스는 1998년, 영국에 있던 60여 개의 커피숍을 스타벅스로 리모델링 했다. 이후 7년 만인 2005년 11월, 런던은 맨해튼보다 더 많은 매장이 있는 명실상부한 국제적 커피 도시가 되었다.

02 + 스티브 잡스
디지털 세상, 어떤 사람이 구루가 되는가

"시장조사는 하지 않았다.
벨이 전화를 발명할 때 시장조사를 했는가?"

21세기형 창조성을 되묻다

"다르게 생각하라!"는 그의 삶의 철학
황당한 아이디어를 현실화하다

+ 정재승

1980년 12월 둘째 주. 인류는 한 명의 천재를 잃고 새로운 천재를 맞이한다. 월요일에 비틀스의 전 멤버 존 레넌John Lennon이 광적인 팬에게 살해당했고, 금요일에는 애플 주식의 공모가 시작되면서 스티브 잡스Steve Jobs라는 청년이 하룻밤 사이에 2000억 원을 번 '미국 최고의 자수성가 거부'가 됐다. '애플' 음반사의 비틀스는 한 시대의 막을 고했고, 같은 시기에 '애플' 컴퓨터는 새로운 시대를 알린 것이다. 한동안 스티브 잡스는 '애플'이라는 이름 때문에 비틀스 저작권자들과 싸워야만 했는데, 그가 아이팟iPod을 출시해 음반 시장을 장악하면서 두 애플의 악연은 더욱 깊어졌다. 하지만 그들은 영국의 물리학자 아이작 뉴턴Isaac Newton 이후 가장 유명한 '사과'를 소유한 역사적 인물이 됐다.

여러 분야를 아우르는 통합형 인재

대학은 요즘 '21세기형 창조적 리더'를 키우기 위한 고등교육을 어떻

게 해야 할지 고민이 많다. 지난 30년간 한국은 선진국의 과학기술을 빨리 따라잡을 수 있는 산업 인력을 키우고자 노력해왔지만, 새로운 아이디어가 세상을 선도하고 가치를 만들어내는 '지식정보화 시대'를 20세기형 리더로는 헤쳐나갈 수 없기 때문이다.

세분화된 영역의 전문가가 아니라 여러 분야를 두루 아우를 수 있는 통합형 인재, 새로운 아이디어와 지식을 스스로 만들어낼 수 있는 창조적 인재, 과학의 시대에 테크놀로지에 대한 이해가 깊으면서도 인문학과 사회과학, 그리고 예술을 넘나들 수 있는 르네상스형 인재를 키워야 한다는 데는 모두 동의하지만, 그 방법에 대해서는 마땅한 대안이 없는 형편이다. 20세기형 인재들끼리 모여 앉아 궁리하고 있으니 대안이 없을 수밖에.

해외에서 그 역할 모델을 찾자니 단연 돋보이는 인물이 바로 실리콘밸리와 할리우드를 모두 장악한 '디지털 시대의 테크노 구루Guru' 스티브 잡스다. 아이콘 클릭만으로 프로그램을 여는 컴퓨터 혁명을 이끌어낸 매킨토시를 만들었고, 세계 최초 3D 애니메이션 〈토이 스토리〉와 디즈니의 상상력을 잇는 걸작 〈니모를 찾아서〉, 〈인크레더

블〉로 영화산업을 뒤흔들어 놓은 디지털 시대의 최고 흥행사. 매력적인 디자인과 편리한 기능 혁신의 아이팟으로 'mp3 파일로 음악을 듣는 새로운 문화'를 창조하고 최초의 인터넷 음악 공급 프로그램 아이튠즈iTunes을 만들어낸 하이테크계의 예술가. <mark>스티브 잡스만큼 과학과 예술을 행복하게 결합한 인물이 또 있을까?</mark> 그만큼 사회적 트렌드를 제대로 꿰뚫어본 과학기술자가 있을까?

그러나 불행하게도 스티브 잡스와 같은 인재를 키우고자 마땅히 제도권 교육이 할 수 있는 일은 많지 않다. 그가 살아온 삶은 분명 그의 창조성에 영향을 미쳤겠지만, 우리가 따라 할 수 있는 성질의 것은 아니기 때문이다.

1955년 2월 24일 미국 캘리포니아 샌프란시스코에서 태어난 그는 부모가 아기의 법적 양육권을 포기하자 폴과 클라라 부부에게 입양됐다. 고아 출신이었던 스티브 잡스는 어린 시절부터 자신을 증명해 보여야 하는 도전 정신으로 무장되어 있었다고 친구들은 술회한다. 그는 명석한 학생이었지만, 과잉행동장애를 앓는 산만한 소년이었고 독불장군에 외톨이였다. 누구도 범접할 수 없는 카리스마를 가졌지만, 함께 일해온 동료들을 애플에 대한 충성심이 부족하다는 이유로 애플 주식 공개 상장에서 배제할 정도로 편협했고, 화이트보드를 가로챘다는 사소한 이유로 픽사Pixar의 공동창업자에게 소리를 지르며 벌컥 화를 내기도 했던 유치한 독설가였다. 자신의 사사로운 이익을 위해 사기를 친 적도 있었고, 잘나가는 사람들에 대한 비아냥거림과 험담을 입에 달고 살았다.

그래서 대학생들에게《iCon 스티브 잡스》같은 평전을 읽히면 감상평은 대부분 부정적이다. "훌륭한 사람인 줄 알았는데, 우리랑

비슷한 사람이라는 데 놀랐어요." "성공했다는 것 외에는 딱히 본받을 만한 게 없는 사람 같아요." KAIST 기숙사에서는 스티브 잡스와 비슷한 유년기를 보낸 녀석들을 종종 발견할 수 있다는 얘기와 함께.

21세기 창조성의 본질

그럼에도 어떻게 그는 미국 대학생들이 가장 가고 싶어 하는 회사의 CEO가 되어 '지상에서 가장 뛰어난 인재들과 함께 일하는' 행복을 누리게 됐을까? 왜 사람들은 그를 닮고 싶어 하고 그를 만나고 싶어 할까? 그의 성공은 어디서 온 것일까?

가장 큰 이유는 다른 사람에게는 없는 '전 우주적 스케일의 꿈'이 그에게는 있었다는 것이다. 세상을 송두리째 바꿔놓겠다는 비전과 우주에 거대한 영향을 미치고 싶다는 야심 찬 꿈 말이다. 그래서 애플 컴퓨터의 모토도 한때 "우주를 놀라게 하자 Make a Dent in the Universe"가 아니었던가! 사람들은 원대한 꿈과 비전을 가진 지도자에게 매료된다.

하지만 그것만으로는 부족하다. 그를 우리 시대에 가장 우뚝 선 몽상가'라고 칭하지만, 그가 단지 몽상가였다면 오늘날과 같은 업적을 이루진 못했을 것이며 그를 따르는 애플 컬트(열렬한 지지)와 아이팟 컬트가 만들어지진 않았을 것이다. 그에겐 꿈과 비전을 '현실화'하는 놀라운 재능이 있었다. 그중 나 같은 신경과학자의 눈에 띄며 흥미를 유발하는 것은 그가 가진 '창조성의 본질'이다.

창조적인 사람을 정의할 때, 20세기 심리학자들은 '남들이 생각해내지 못하는 엉뚱한 아이디어를 쏟아내는 사람'으로 생각했다. 창의력 테스트가 대부분 "'둥글다'라는 단어가 들어간 문장을 만들어보시오"라는 과제를 주고 몇 개의 문장을 만들어내는지 센다거나, "신문지로 할 수 있는 것이 무엇인지 나열하시오"라는 과제를 주고 행동을 관찰하는 정도였던 것도 바로 그 때문이다.

그런데 21세기, 새로운 시대에 주목받는 창조적 능력은 남들이 생각해내지 못하는 해결책을 제시하는 능력만이 아니라 '개성적인 통찰력'을 요구한다. 복잡한 현실에서 '문제의 본질'이 무엇인지 명확하게 파악하는 능력, 문제의 본질을 남들과 다르게 새롭게 정의하는 능력, 그리고 황당한 아이디어를 현실 가능한 아이디어가 되도록 구체화할 수 있는 능력 등이다.

픽사는 스티브 잡스가 처음 만든 회사가 아니라 조지 루카스George Lucas가 이미 가지고 있던 기업이었고, 아이팟이 나오기 전에도 mp3 플레이어는 여럿 있었다. 그런데 왜 그들은 성공하지 못했을까? 실사영화의 특수효과만 담당하는 것이 아니라 컴퓨터그래픽만으로 영화를 만들어낼 수 있다는 창조적 아이디어는 스티브 잡스만의 생각이었고, 그것이 단번에 픽사를 영화산업에서 가장 성공한 기업으로 만들었다. 인터넷 비평가는 아이팟을 'Idiots Price Our Device(멍청한 놈들이 가격을 매긴 물건)'의 약자라고 조롱했지만, 스티브 잡스는 갖고 싶은 디자인과 편리하게 음악 파일을 들을 수 있도록만 해주면 CD 대신 mp3 파일을 들을 것이라고 믿었다. 그는 문제의 핵심을 남들과 다르게 바라본 것이다. "다르게 생각하라Think different"는 사실 애플의 모토가 아니라 스티브 잡스의 '삶의 철학'이었던 것이다.

대학은 키울 수 없는 인재

이마 바로 뒤인 '전전두엽'에서 담당한다고 알려진 이 21세기형 창조적 기능들은 '사회화가 많이 될수록 또 일찍 될수록' 오히려 줄어드는 능력으로 알려져 있다. 그러니 스티브 잡스의 대학 중퇴는 그에겐 '독이 아니라 약'이었을 수도 있다는 얘기다. 어찌 이런 사람을 대학이 키울 수 있느냔 말이다! 아이러니다.

다르게 생각하려고 최선을 다한 사람은 세상을 요동치게 한다. 스티브 잡스와 일하는 사람들이 디자인을 매우 중요하게 생각하는 과학기술자들로 거듭 태어난 것도 히피 문화를 방불케 하는 애플의 독특한 기업 문화 때문일지도 모른다.

그가 한 강연에서 했던 말은 분석의 틀에만 매몰된 합리적인 (척하는) 현대인들에게 새로운 양식의 삶을 전해준다.

"시장조사는 하지 않았다. 그레이엄 벨Graham Bell이 전화를 발명할 때 시장조사를 했느냔 말이다! 천만의 말씀. 내가 바라는 것은 오직 혁신이다."

이제 책상 위에 '디지털 시대의 구루' 스티브 잡스를 올려놓고 '과학적 사고', '창조적 사고'라는 단어를 다시 정의할 때다. ✚

스티브 잡스니까.

IT 문화의 구루

그의 기조연설은 IT 대중에게 예수의 산상수훈,
신제품은 IT 시대의 복음이어라

+진중권

우연히 인터넷에서 본 애니메이션. 아이폰iPhone의 출시를 기다리는 어느 부자父子의 심정을 담았다. 기다리고 또 기다려도 출시가 안 되자, 부자는 결국 출시가 계속 연기되는 이유를 자신들의 마음가짐에서 찾는다. 마침내 마음을 비우기로 한 부자는 머리를 밀고 도를 닦기 시작하여 나중엔 공중 부양까지 하게 된다. 하지만 번뇌가 모두 사라지자 아이폰은 더 이상 필요 없는 물건이 됐단다. 알고 보니 원래는 〈안 와요, 가정교사〉라는 제목의 일본 애니메이션인데, 한국의 네티즌이 거기에 가짜 자막을 달아 여대생 가정교사를 기다리는 심정을 '아이폰을 기다리는 마음'으로 바꿔놓은 것이란다.

아이폰 강림 드라마

조바심에서 분노로, 분노에서 체념으로, 체념에서 달관으로. 출시를 기다리던 사람들이 모두 해탈의 경지에 이를 때쯤, 드디어 아이폰의 국내 시판이 시작됐다. 아니나 다를까, 발매된 지 얼마 되지

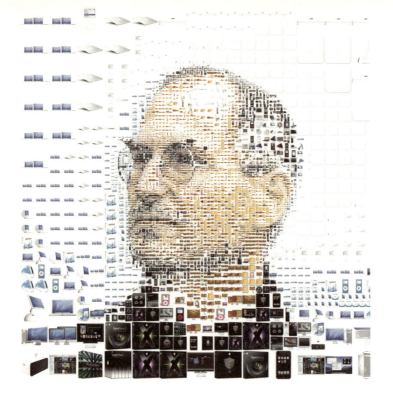

　않아 벌써 점유율 5퍼센트를 돌파했다는 소식이다. 지난해 7월 11일이던가? 이웃 일본에서도 소비자들이 소프트뱅크SoftBank 앞에서 노숙까지 해가며 매장이 열리기를 기다렸다고 한다. 국내의 열성팬들도 매장 앞에서 밤을 새우기는 마찬가지였다. 이것은 일종의 '강림의 드라마'다. 출시의 아침을 기다리는 IT 노숙자들에게서 우리는 휴거를 기다리는 종말론 신도들 못지않은 종교적 열정을 볼 수 있다.

　굳이 과장을 섞지 않아도 적어도 스티브 잡스가 'IT 문화의 구루'라는 데는 아마 이론의 여지가 없을 것이다. '구루'의 말뜻 그대로 스티브 잡스는 IT 문화의 지자이자 현자이자 스승이다. 그의 인격 주위에는 신비한 오라가 감돌고, 그의 추종자들 사이에는 기묘한 숭배의 분위기가 존재한다. 맥월드에서 그가 해마다 행하는 기조연설은 오늘날 IT 대중에게 마치 예수의 산상수훈처럼 여겨진다. 이 IT 교주의 연설은 먼저 발표장의 청중을 사로잡고, 그것을 담은 동영상은 인터넷을 통해 사마리아 땅 끝까지 전파된다. 잡스가 신제품을 내놓는다는 소식이야말로 IT 시대의 복음이 아닐까.

애플의 공동창업자인 버드 트리블Bud Tribble은 스티브 잡스에 관해 흥미로운 얘기를 들려준다. 1981년 소프트웨어의 개발이 시작도 되지 않았는데, 잡스는 벌써 이듬해인 1982년 초로 선적 일정을 확정해놓았단다. 이 비현실적인 계획을 왜 만류하지 않았느냐고 묻자, 버드 트리블은 이렇게 대답한다.

"스티브 잡스니까. 1982년 초에 선적을 한다고 말한 이상, 그와 다른 어떤 대답도 스티브는 들으려 하지 않아요. 이런 상황을 가장 잘 묘사하는 방식은 〈스타트렉〉에 나오는 용어죠. 스티브에게는 현실왜곡장이 있다고나 할까. 그의 앞에서는 현실도 변형 가능합니다. 그는 어느 누구에게나 그 어떤 확신이라도 갖게 할 수 있어요."

이후 '현실왜곡장' *이라는 표현은 애플 사의 사원들을 휘어잡는 스티브 잡스의 카리스마를 기술하는 용어가 됐다. 요즘은 그가 하는 기조연설의 청중, 그가 만든 제품의 소비자들에게 그가 행사

---

* **현실왜곡장**Reality Distortion Field
마치 물리학 용어처럼 보이지만 사실 스티브 잡스를 위해 만들어진 말이다. 스티브 잡스가 보여주는 현실왜곡장의 대표적인 효과는 스티브 잡스의 근처에 가면 모든 현실이 왜곡되어 보인다는 것이다. 스티브 잡스의 옆에서 그가 하는 말을 듣고 있으면 평소에는 말도 안 된다고 생각했던 일들을 자신도 모르게 믿게 된다. 스티브 잡스의 현실왜곡장은 스티브 잡스를 중심으로 형성되며 중심으로부터 거리가 멀수록 그 힘이 약해지기 때문에, 보통의 경우에는 사람들이 한번 현실왜곡장에 들어갔더라도 스티브 잡스에게서 거리가 멀어지면 제정신으로 돌아온다고 한다.

하는 압도적인 심리적 영향력을 가리키는 데까지 의미가 확장됐다. 잡스와 함께 일하는 사람들은 알아두어야 할 게 또 한 가지 있다고 한다. 누군가 새로운 아이디어를 말하면, 잡스는 '어리석은 생각'이라고 일축했다가도 얼마 뒤 그 당사자를 찾아가 똑같은 아이디어를 마치 제 것인 양 역으로 제안한다는 것이다. 이처럼 자기확신과 자기최면이 강한 것은 모든 교주의 공통점이다.

비물질화를 재물질화로 돌려놓다

애플에는 '루머 커뮤니티'가 있다. 루머 커뮤니티들은 그해에 반포될 복음의 내용을 대중에게 미리 알려주는 애플교의 선지자들이다. 선지자 중에는 가짜와 진짜가 있는 법. 그리하여 어떤 선지자의 예언은 빗나가지만, 어떤 선지자의 예언은 실현되기도 한다. 그들의 예언 중에서 실현된 것도 상당히 많다. 이 선지자들에 대한 애플 사의 공식 입장은 근거가 없다는 것. 하지만 이 루머 커뮤니티에서 활동하는 선지자 중 일부는 실제로 애플 사에 근무하는 사람들로 보인다. 이 예언 놀이가 일종의 서브컬처가 되다 보니, 애플 사 입장에서는 제품 홍보가 따로 필요하지 않을 정도다.

 잡스는 컴퓨터 산업에 미학을 도입했다. 그는 최초로 컴퓨터에 서체의 아름다움을 부여했고, 자신이 개발하는 모든 제품에 미적 디자인을 구현했다. 한때 '번거로운 케이블은 물론이고 언젠가는 모니터와 키보드와 본체까지도 눈에 보이지 않게 될 것'이라고 말하는 사람들이 있었으나, 애플의 뛰어난 디자인 때문에 이제 기기의 물질성은 사라질 수 없게 됐다. 애플 사용자들은 미니멀리즘의 미학을 구현한 자신의 기기가 남들 눈에 보이기를 간절히 원한다. 심지어 고장 난 기기의 이어폰을 끼고 다닌다고 하지 않는가. 애플의 미학은 비非물질화를 지향하던 디지털 기술을 재再물질화 쪽으로 돌려놓았다.

"서로 전공과 취향이 다른 애플의 개발자들이 어떻게 그렇게 훌륭하게 단합할 수 있을까? 그것은 그들에게 공동의 적이 있기 때문이다. 그 적이란 바로 스티브 잡스다." 이 농담을 들으며 나는 버튼을 없애라는 잡스의 한마디에 엔지니어와 디자이너들이 모여 전전긍긍하는 장면을 떠올렸다. 상이한 분야에 속하는 전문가들의 작업을 조율하는 것은 오케스트라 지휘와 닮은 데가 있다. 스티브 잡스는 그 자신이 뛰어난 디자이너이기도 하지만, 강력한 카리스마를 가지고 예술과 기술의 교향악을 연주하는 마에스트로이기도 하다. 이는 픽사를 설립하여 〈토이 스토리〉를 만들 때도 마찬가지였을 것이다.

스티브 잡스를 얘기할 때 빼먹을 수 없는 것이 맥월드의 기조연설이다. 그의 프레젠테이션은 철저하게 연극적으로 조직된다. 이 공연은 물론 반복적인 리허설과 고된 연습을 통해 완성된다. <u>스크린 앞에서 이루어지는 그의 프레젠테이션은 일종의 행위예술이다.</u> 결정적인 얘기를 꺼내기 전에는 무대 옆으로 가서 물을 한 잔 마시며 긴장감을 고조시키고, 프레젠테이션이 끝날 때쯤에는 꼭 "아, 한 가지 더"라고 말하며 보너스를 얹어준다. 서류 봉투에서 슬며시 노트북을 꺼내 드는 제스처는 당연히 노트북 두께를 숫자로 말하는 것과는 비교할 수 없을 정도로 압도적인 인상을 준다.

예술가 CEO의 전형

미디어에서 떠드는 CEO 찬양, 현대 자본주의가 양산해내는 이 조작 신화들은 대부분 유치하고 뻔뻔하고 지루하다. 하지만 그것이 스티브 잡스에 관한 것이라면, 사정이 좀 다르다. 그는 이제까지 없었던 새로운 유형의 CEO, 즉 '예술가 CEO'의 전형이다. 그는 컴퓨터 기기의 디자이너이자, 기술과 예술의 화음을 만들어내는 지휘자이자, 프레젠테이션을 행위예술로 끌어올린 탁월한 퍼포머다. 동시에 IT 대중에게 지혜와 확신을 주는 구루이자, 테크놀로지와 결합된 프레젠테이션으로 청중의 혼을 홀딱 빼놓는 마법사다. 빌렘 플루서*였던가? 디지털 시대를 탈역사적 마법의 시대라고 했던 것이.

✚

---

* 빌렘 플루서 Vilem Flusser

빌렘 플루서는 그가 남겼던 학문적 자취에 비해 국내에는 잘 알려지지 않은 매체 이론가다. 마셜 맥루언(Marshall Mcluhan)과 더불어 매체 이론가로서 양대 산맥을 이룬다. 플루서는 학문적 기반을 에드문트 후설(Edmund Husserl)의 현상학에 두고 있으면서, 세계를 '매체'로 바라봐 이에 대한 철학적 연구를 진행했다. 노르베르트 볼츠(Norbert Bolz)와 같은 학자들에게 지대한 영향을 끼쳤던 사상가다.

그는 플라톤 이후 철학자들이 세계를 언어·숫자 등으로 인식하던 선형의 세계와 결별할 것을 선언한다. 또한 카메라, 텔레비전, 컴퓨터 등의 기구를 접하며 디지털 시대에 요청되는 새로운 인간이 되어야만 한다고 주장한다. 플루서는 역사로부터 탈역사로 비약하기 위해 기구들을 우리의 사고·감정·행위의 모델로 수용하기 시작했으며, 이것은 텍스트는 현상 뒤에서 '본질'이나 그럴듯한 것을 발견할 수 있다고 믿었던 '오류'에서 빠져나온 새로운 인식 단계라고 보았다.

© TOPIC/ Corbis

+ 구글

03 검색을 잘하면 지능도 발달할까

검색엔진은 좀 더 똑똑해야 한다.

창조에서 검색으로

디지털 시대에 영감을 얻는 법,
구글에 들어가 검색창에 낱말을 입력하고 엔터키를 치라

+진중권

문자가 등장하기 이전에 정보를 저장하는 유일한 장소는 두뇌였다. 예나 지금이나 '아는 것이 힘'이다. 푸코의 표현을 빌리면 '지식과 권력'은 한 몸savoir-pouvoir이다. 이 때문에 사회 성원 대다수가 문자를 모르던 때는 가장 많은 기억을 가진 자, 즉 연장자가 사회에서 권력을 행사했다. 하지만 문자가 등장하면서 비로소 인간은 정보를 외장 할 수 있게 된다. 지식이 외장 되면, 그것은 인간 두뇌의 자연적 한계를 넘어 무한히 축적되기 시작한다. 우리는 이것이 이른바 '문명'의 시초임을 알고 있다.

기계에 구별 능력을 부여하다

문자로 저장된 정보의 상징은 아마도 이집트 알렉산드리아에 있었다는 도서관일 것이다. 거기에는 고대의 지혜를 적은 수십만 권의 파피루스 두루마리가 수장되어 있었다고 한다.(다행히(?) 화재로 그 많은 문헌이 소실됐기 망정이지 그게 그대로 전승됐다면 후학들은 정

Google™

말 골치 아플 뻔했다). 알렉산드리아에 있었다는 이 도서관은 얼마 전까지만 해도 모든 도서관의 원형이자 전범이었다. 하지만 디지털 테크놀로지의 등장과 더불어 도서관의 개념 자체가 달라지기 시작했다.

과거에 도서관은 정보를 모아놓은 하나의 장소를 의미했다. 하지만 디지털 기술은 정보의 집적에서 이 장소의 구속을 파괴해버렸다. 오늘날 정보는 수많은 장소에 산포된다. 여기서 정보는 '분류'되는 대신에 위계질서 없이 '링크' 된다. 인터넷은 디지털 시대에 환생한 알렉산드리아의 도서관이다. 도서관에서 가장 큰 문제는 정보의 검색이다. 전통적 도서관에서는 기다란 서랍에 빽빽이 꽂힌 카드와 책 뒤에 붙은 색인이 인터페이스의 역할을 했다. 인터넷이라는 디지털 도서관에서는 검색엔진이 그 역할을 담당한다.

도서관의 정보는 유한하지만, 인터넷의 정보는 거의 무한하다. 따라서 검색 작업 역시 기계에 맡길 수밖에 없다. 검색엔진의 요체는 생각이 없는 기계에 정보의 중요도를 판단하게 하는, 중요한 정보와 사소한 정보를 구별하는 능력을 부여하는 데 있다. 그런 의미에서 이것은 일종의 '인공지능' 프로젝트라 할 수 있다. 물론 기계는 생각이 없다. 따라서 기계가 정보의 중요도를 인식하게 하려면 정보의 중요성이라는 질적 특성을 양화量化시켜야 한다. 논문의 질이 보통 인용 횟수로 측정되듯이, 정보의 질은 거기에 링크 된 수로 측정된다.

하지만 링크가 많다고 해서 반드시 중요한 정보라는 보장은 없다. 이 때문에 검색엔진은 좀 더 똑똑해야 한다. 구글이 다른 것들을 제치고 검색엔진의 총아로 떠오른 것은 그 문제를 해결하는 독특한 해법, 이른바 '페이지 랭크page rank' 덕분이다. 예를 들어 10명이 열어본 페이지 10개와 링크 된 페이지가 있고, 1000명이 열어본 페이지 1개와 링크 된 페이지가 있다고 하자. 링크의 수는 전자가 10배나 많지만, 중요도는 외려 후자의 10분의 1밖에 안 될 수도 있다. 따라서 똑똑한 검색엔진은 해당 페이지만이 아니라 그것과 링크 된 페이지의 중요도 역시 고려해야 한다.

물론 링크 된 페이지들의 중요성은 다시 거기에 링크 된 또 다른

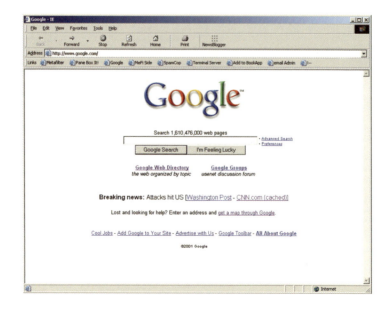

정보들의 페이지뷰에 따라 측정된다. 그리고 이것들의 중요성은 또 그것들과 링크 된 또 다른 페이지뷰로 측정된다. 이렇게 고리의 수를 하나씩 늘려갈수록, 기계가 한 검색 결과는 인간이 직접 한 검색 결과와 점점 더 유사해질 것이다. 구글의 창시자 래리 페이지Larry Page와 세르게이 브린Sergey Brin은 의식하지 못했을지 모르나, 이것은 러시아의 수학자 안드레이 안드레예비치 마르코프Andrey Andreyevich Markov가 창시한 속박확률의 개념, 이른바 '마르코프 체인Markov chain'의 원리를 이용한 검색이라고 할 수 있다.

새로움은 요소가 아니라 배치

문제는 기계검색이 열어주는 새로운 인식론적 의미를 인식하는 것이다. 흔히 우리는, 정보는 해독이 중요하고 검색은 부차적이라고 생각한다. 하지만 그것은 정보가 희귀하던 시절의 낡은 습관인지도 모른다. 오늘날 정보는 더 이상 희귀하지 않다. 외려 현대 대중은 정보의 홍수 속에서 익사할 위험에 처해 있다. 이런 시대에 필요한 능력은 정보 하나하나를 해독하는 능력보다는 그렇게 범람하는 정보 속에서 자기가 필요로 하는 정보에 성공적으로 접근하는 능력이다. 그런 의미에서 검색엔진은 정보의 바다에 떠 있는 구명보트라 할 수 있다.

    기계검색은 정보를 생산하는 방식 역시 변화시킨다. 모던 예술가들은 일찍이 "새로움은 요소가 아니라 배치에 있다"라고 말한 바 있다. 인터넷에 들어가 보라. 당신이 쓰고 싶은 글은 이미 누군가 써

놓았다. 당신이 그리고 싶은 그림은 이미 누군가 그려놓았다. 당신이 찍고 싶은 사진은 이미 누군가 찍어놓았다. 정보가 홍수처럼 쏟아지는 시대에 거기에 물 한 바가지 더 들이붓는 것은 그다지 의미가 없는 일이다. 중요한 것은 새로운 정보를 생산하는 것이 아니라, 이미 존재하는 정보들을 새로운 방식으로 조직하는 것이다.

포스트모던의 예술가들은 이미 존재하는 텍스트를 패러디 하고, 이미 존재하는 이미지를 몽타주 하고, 이미 존재하는 사운드를 리믹스 한다. 그들은 이미 존재하는 다른 작품들을 이리저리 혼성으로 모방해(이른바 '패스티시pastiche') 또 다른 작품으로 조직해낸다. 한마디로 그들은 디지털 시대에 널리 퍼질 정보 생산의 방식을 아날로그 방식으로 미리 보여주었던 것이다. 구글은 그저 이미 존재하는 정보를 찾는 수단에 불과한 게 아니다. 그것은 동시에 새로운 정보를 창작하는 유력한 무기가 될 수 있다.

'창작'이라는 개념은 아직도 고상한 아우라를 듬뿍 뒤집어쓰고 있다. "아, 떠오른다, 떠오른다, 오선지……." 창작의 순간을 이렇게 묘사하는 것은 낡은 낭만주의 수사법이다. 학생들에게 나는 늘 영감을 일으키는 기계적 절차가 있다고 가르친다. 그게 뭐냐고? "구글에 들어가 검색창에 낱말을 타이핑하고 엔터키를 치라." 그러면 단지 그 낱말이 포함되어 있다는 단순한 이유에서 이제까지 생각지도 못했던 수많은 텍스트가 화면에 나타날 것이다. 바로 그것이 디지털 시대의 기계적 영감이다.

물론 기계는 인간보다 멍청하다. 하지만 바로 그것이 창작을 할 때는 장점이 된다. 기계가 전혀 엉뚱한 자료를 내밀 때, 인간은 본의 아니게 자신이 상상할 수 있는 한계 밖에 존재하는 정보를 접하게 되기 때문이다. '영감'이란 인간이 합리적으로 생각할 수 있는 범위의 바깥에서 불현듯 사건처럼 찾아오는 어떤 것이다. 존 케이지John Cage와 같은 작곡가들이 우연에서 창작의 영감을 얻어냈듯이, 무작위로 돌아가는 검색엔진의 멍청함이 외려 인간의 상상력을 확장해줄 수 있다.

21세기형 글쓰기의 탄생

이렇게 얻은 기계적 영감은 당연히 기계적 글쓰기의 바탕이 된다. 일단 구글 검색창에 검색어를 친다. 검색된 문건들을 순서대로 읽어나가면서 쓸 만한 자료는 복사해 'hwp 파일'에 옮겨놓는다. 이 작업이 끝나면 hwp 파일상에서 문건들을 읽어나가면서 불필요한 정보는 삭제하고 필요한 부분만 남겨놓는다. 이어서 그렇게 남겨진 조각 정보들을 앞뒤로 자리를 바꾸거나 이리저리 결합시키면서 몽타주를 한다. 이제 남은 것은 글을 매끄럽게 다듬는 일뿐이다.

    내가 쓴 《놀이와 예술 그리고 상상력》은 적어도 60퍼센트 이상 그런 방식으로 쓴 것이다. 이번에 낸 《교수대 위의 까치》는 99퍼센트 구글 검색을 통해 얻은 자료로 쓴 것이다. 아쉽게도 네이버 검색으로는 이 작업이 아직 불가능하다. 거기에는 여러 가지 이유가 있을 것이다. 하지만 가장 큰 원인은 서구 네티즌들의 인터넷 사용이 정보적informative이라면, 한국 네티즌들의 인터넷 사용은 친교적fatique·오락적ludic이라는 데 있을 것이다(그 대신 생활 밀착적 정보는 역시 네이버가 제일이다. 한국은 여전히 구술문화다). ✚

검색 빈도수는 개인의 생활을 반영한다?

당신이 검색이다

**지금 구글이 준비하는 것,
세상 모든 것을 그들 안에 담으려는 야심 찬 계획**

✚ 정재승

글로벌 브랜드 컨설팅 그룹인 인터브랜드Interbrand가 매년 실시하는 브랜드 가치 평가보고서에 따르면, 2009년 브랜드 가치가 가장 많이 상승한 기업은 단연 '구글'이다. 구글은 올해만 브랜드 가치가 25퍼센트나 상승해 약 40조 원에 달했으며, 지난해 10위에서 7위로 뛰어올랐다. 지난 몇 년간 100위 안에 들었던 미국 기업들이 경기 침체로 줄줄이 브랜드 가치가 하락했고 자동차 기업과 생활용품 관련 기업들이 크게 부진한 것과 비교하면, 구글의 약진은 더욱 돋보인다.

세상 정보를 넘어 몸속 정보까지

1998년, 스탠퍼드 대학교 대학원생이었던 래리 페이지와 세르게이 브린이 '구글'이라는 기업을 작은 창고에서 만들었을 때만 해도, 이 작은 IT 회사가 세상을 바꿔놓을 것이라고는 아무도 생각하지 못했다. 페이지뷰와 링크에 따라 검색 결과를 알려주고, 위성사진을 통해 지구 상의 모든 지도를 올려놓는가 하면, 동영상 창고인 유튜브youtube까지 사들였다. 최근에는 실사 기반의 지도 서비스인 '구글 스트리트뷰(위치를 지정하면 그 동네의 실제 거리 사진을 제공해주는 서비스)'를 선보이는가 하면, 음악을 검색하는 서비스도 곧 선보일 예정이다.

구글이 이처럼 지난 3~4년 사이 크게 약진한 데는 새로운 광고 비즈니스 모델을 수립하고, 안드로이드폰 등을 통한 각종 모바일 애플리케이션 지원으로 사업을 다변화한 점이 크게 인정받았기 때문이다. 또한 구글 검색을 통한 페이지뷰 횟수에 따라 기업으로부터 광고료를 받음으로써 검색 웹페이지 자체를 상업 광고로 물들이지 않았다는 데 네티즌들은 열광했다. 이른바 '구글 철학'이라 표현되는 그들만의 생각이 브랜드 가치로 고스란히 녹아든 결과이리라.

그렇다면 21세기, 구글의 약진은 앞으로도 계속될까? 아니면 IT 산업이 포화 상태에 도달하면 구글의 운명도 하강 국면을 맞이할까? 이 질문에 답하려면 그동안 구글이 했던 일보다 '지금 구글이 준비하는 것들'을 살펴볼 필요가 있는데, 늘 새로운 생각을 시도하는 그들의 행보 중에서 주목할 만한 것이 두 가지 있다.

먼저 지난 몇 년간 구글은 캘리포니아 마운틴뷰에 위치한 작은 회사 '23andMe'에 40억 원 이상의 돈을 투자해왔다. 이 회사 사장은 구글의 공동창업자인 세르게이 브린의 아내 앤 워지츠키Anne wojcicki. 그러나 그들이 패밀리 비즈니스 관점에서 이 회사에 투자한 것은 아니다.

〈오프라 윈프리 쇼〉에도 소개된 바 있는 '23andMe' 서비스란 매우 간단하다. 서비스를 신청하면 일주일 안에 키트Kit와 간단한 설명서를 집으로 보내준다. 이 키트 안에 침을 뱉어서 다시 우편으로 보내면, '내가 유전적으로 유방암과 당뇨병 등을 포함해 118가지 유전질환에 걸릴 가능성'을 확률로 표시해 알려준다.

그뿐인가? 유전자 검사를 통해 내 조상은 어디에 살았으며, 내 몸속에 다양한 민족의 피가 얼마나 섞였는지, 내 혈육의 뿌리를 찾아준다. 이미 시판되고 있는 '23andMe' 서비스의 가격은 399달러(약 45만 원). 필요한 분석 기간은 8주다. 구글은 지금 침 한 번만 퉤 뱉으면 내가 누구인지, 내 몸이 앞으로 어떻게 될 것인지에 대해 알려주는 무시무시한 세상을 준비하고 있는 것이다(유전자가 포함된 인간 염색체의 개수가 23이라 '23andMe'라는 이름이 붙었다).

2008년 《타임》지가 '올해의 발명품 Invention of the Year'으로 선정하기도 한 '23andMe' 서비스에 주목해야 하는 이유는 이제 구글이 세상에 떠도는 정보를 모으는 데 그치지 않고 우리 몸속에 있는 바이오 정보에 관심을 갖기 시작했다는 사실이다.

독감 검색이 늘면 독감 발생이 많다

그들은 그저 개인의 유전정보를 탐색해 '질병에 걸릴 확률'을 점쳐주는 예방의학에 관심을 갖고 있는 것이 아니다. 그들의 야심 찬 꿈은 사람들이 병원에 갈 때마다 받게 되는 진료 카드 정보, 약을 처방받은 정보, 수술 정보 등이 모두 전산화되어 있으므로, 그것을 한데 모으겠다는 것이다. 그러면 나만이 볼 수 있는 사이트에 들어가면 나의 유전정보를 포함한 모든 의료 정보가 담겨 있어 내 건강

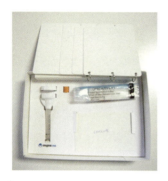

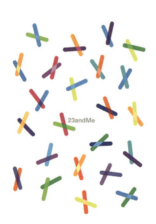
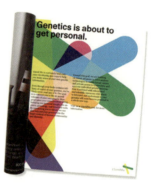

을 자동적으로 점검해주고, 때론 주치의에게 주요 상황을 알려주는 서비스를 제공하겠다는 것이 그들의 목표다.

그들은 이런 정보가 개인뿐만 아니라 사회적으로도 가치가 있다고 믿는다. 사회의학적 연구나 인류학적 연구, 진화생물학적 연구뿐만 아니라, 질병 동향을 미리 파악하고 심지어 예방도 할 수 있다는 얘기다.

실제로 구글은 몇 년 전부터 독감 관련 검색어에 대한 연구를 실시했다. 그 결과, 매년 독감 시즌마다 특정 검색어(독감 이름, 독감 예방법 등) 패턴이 눈에 띄게 증가하는 것을 발견했다. 그리고 이러한 패턴을 미국 질병통제예방센터CDC 데이터와 비교해보았더니, 검색 빈도와 독감 증세를 보인 환자 수 사이에 매우 밀접한 상관관계가 있다는 사실을 발견했다. 다시 말해 독감과 관련된 단어 검색량을 보면, 실제 독감 환자 수, 독감 유행 지역 등을 예측할 수 있다는 뜻이다.

이는 검색 빈도수는 개인의 생활을 반영한다는 평범한 사실을 보여주지만, 여기에 개인의 유전정보와 진료 정보 등이 합쳐지면 세계 시민의 보건복지에 크게 기여할 수 있다는 것이 구글의 주장이다. 실제로 구글은 독감 관련 검색 분석 자료를 매일 공개하고 이를 신속하게 업데이트 함으로써 독감 발생에 대한 조기경보 시스템 구실을 하기도 했다. 타 감시기관이 데이터를 집계하고 발표하는 데는 1~2주가 걸리는 반면, 구글 검색 데이터는 실시간 집계가 가능하다는 점에서 매우 유용했다.

두 번째 주목할 점은, '인터넷에서 정보를 찾다'와 이미 동의어가 되어버린 구글은 지난 5년간, 세상 모든 정보를 인터넷에 올리겠다는 야심 찬 프로젝트를 줄기차게 진행해왔다는 것이다. 현존하는 모든 책을 스캔 해서 서비스하는 '디지털 도서관Digital Library'을 구축하기로 하고, 지금까지 1000만 권에 이르는 책의 디지털 작업을 완료했다. 저작권이나 출판권 등 법적으로 해결해야 할 문제가 산적해 있지만, '페이지뷰에 따른 비용 지불' 등의 방식으로 이 문제가 원만하게 해결될 가능성이 높다.

그렇게 되면 세상 모든 정보가 디지털화되는 세상이 도래할 것이다. 책이나 문서 같은 텍스트 정보뿐만 아니라, 오디오와 비디오, 동영상까지도 모두 디지털화되면서 구분이 사라지는 세상이 10년 내에 올 것이다.

그렇게 되면 종이 책은 큰 위기를 맞을 것이다. 그동안 사용방식User Interface이 편하지 않아 종이 책을 선호했던 사용자들도 아마존의 '킨들'이나 소니의 '북리더' 같은 전자책을 크게 선호하게 될 것이다. 이제 전자책은 종이 책을 보는 것과 큰 차이가 없는 데다 길거리에서 쉽게 다운로드를 받게 될 예정이라서 오히려 더 편해질 것이다. 게다가 전자책이 대중화되는 데 만화가 크게 기여할 것으로 보는데, 전자책의 만화 서비스 수준은 종이 책의 추종을 불허한다!

아침마다 지하철이나 버스에서 신문을 구입할 필요도 없다. 내 전자책으로 신문이 배달될 것이며, 배달된 텔레비전 뉴스를 동영상으로 볼 수도 있다. 앞으로 10년 내에 도시인들의 '생활양식'이 크게 달라질 것이라는 게 개인적인 생각이다.

'사용자 발신 콘텐츠' 근본적인 변화 틀을 짜다

유튜브와 페이스북,* 트위터*의 성공은 웹서퍼들이 정보의 바다를 탐색하는 데 그치지 않고 스스로 정보를 만들어내는 '사용자 발신 콘텐츠' 쪽으로 근본적인 변화가 이뤄지고 있음을 시사한다. 그렇다면 이러한 모든 정보를 어떻게 조직화하느냐가 관건인데, 구글은 한마디로 이 모든 정보를 편하고 효율적으로 서비스할 '시스템'을 만들고 있다고 보면 된다.

'그들이 꿈꾸는 세상이 과연 인류에게 유용할 것인가'에 대해서는 근심과 걱정 또한 많지만, '그들이 과연 꿈꾸는 세상을 이루어낼 것인가'에 대해서는 의심과 회의가 적다. 프로그램 개발자와 통계학 전공자들로 가득 찬, 그래서 대부분이 전혀 창의적이지 않은 전 세계 검색 포털사이트 회사들과 달리, 구글은 '세상에서 가장 창의적인 사람들을 불러 모아 생각할 시간을 충분히 주고 있기' 때문이다. ✢

---

* 페이스북 facebook

페이스북은 2004년 당시 하버드 대학교의 학생이었던 마크 주커버그(Mark Zuchkerberg)가 설립한 소셜 네트워크 웹사이트다. 친구를 추가하고 메시지를 보내고 개인적인 프로필을 올려 친구들에게 알릴 수 있다. 또한 도시, 직장, 학교, 지역 등 네트워크를 조직할 수 있다는 특징이 있다. 전 세계적으로 약 3억 5000만 명의 사용자들이 활발하게 활동하고 있는 명실 공히 해외 인터넷의 핫트렌드라고 할 수 있다.

* 트위터 twitter

트위터 무료 소셜 네트워킹 겸 마이크로 블로그 서비스다. 사용자들은 단문 메시지 서비스(SMS), 인스턴트 메신저, 이메일 등을 통해 '트윗(Twit)', 즉 140자 한도 내의 문자를 트위터 웹사이트로 보낼 수 있다 트윗은 사용자의 프로필 페이지에 표시되며, 또한 다른 사용자들에게로 전달된다.

04 　＋ 마이너리티 리포트
미래를 예측한다는 위험한 욕망

운명을 알게 된 자의 고통과 몸부림

21세기 예방과학에 대한 우화

범죄를 미리 막는 범죄예방학·병을 미리 아는 예방의학
그 예측과 예방이 새로운 '나비'인 것을

✚ 정재승

20세기 사회와 문화, 예술, 그리고 과학을 접두사 '포스트Post'의 시대라고 표현한다면, 21세기는 예상컨대 '프리Pre'의 시대가 될 것이다. 지난 100년간 지구 상에는 정치사상적으로 사회주의와 민주주의의 뒤를 잇는 이데올로기가 수없이 등장했다가 제대로 검증도 받기 전에 사라진 '포스트 사회주의', '포스트 민주주의'의 시대였다. '예측'으로 그 유용성을 증명받았던 과학은 '결정론'에 대한 회의와 예측 가능성에 대한 자기 성찰이 이루어지면서 사후 벌어진 사건의 인과관계를 추적하는 연구를 봇물처럼 쏟아냈다.

    예술 분야에서는 모더니즘과 리얼리즘을 극복하려는 수많은 '포스트'파가 미학적 실험을 감행했다. 예술에서 더 이상 새로운 시도는 없다며 예술가들의 모든 미학적 시도는 이제 우열의 잣대가 아닌 다양성의 문제로 받아들여야 한다고 주장한 예술철학자 아서 단토 Arthur C. Danto의 '예술 종말론'이 맞는다면, 20세기는 가히 '종말의 세기'라 불릴 만큼 '포스트가 난무하는 시대'였다(혹시 노스트라다무스 Nostradamus가 예언한 1999년 '지구의 종말'이 20세기의 이러한 사회적 징후를 예언한 것은 아니었을까?).

예측과 예방의 시대

영화 〈마이너리티 리포트 Minority Report〉가 개봉됐을 때, 신문사 기자들이 내게 전화를 걸어 이 영화의 현실 가능성이 얼마나 되는지 물었다. 미래를 예측하는 초능력자들이 실제로 나올 수 있는지 나보고 미래를 예측하라니. 게다가 영화적 설정은 2054년. 아무리 자연법칙의 지배를 받는 시스템이라 할지라도 '나비 효과(초기조건의 작은 차이가 전혀 다른 결과를 만들어낼 수 있다는 에드워드 로렌츠 Edward Lorenz의 이론)'로 말미암아 먼 미래에 대한 예측은 불가능하다는 '복잡계 complex system 과학'을 전공한 내게 50년 후를 예측하라니. 이 얼마나 아이러니한 상황인가? 나는 초능력자나 돌연변이가 아니다(필립 K. 딕 Philip K. Dick의 원작 소설에서는 돌연변이들이 예지능력을 얻게 된 것으로 설정되어 있다).

　스티븐 스필버그 Steven Spielburg와 톰 크루즈 Tom Cruise의 〈마이너리티 리포트〉는 '21세기 예방과학에 대한 우화'다. 컴퓨터가 급속도로 발달하고 테크놀로지의 사회 흡수가 그 어느 때보다 가속화되면서(그리고 그것이 '삶의 질'을 높이는 이슈와 맞물리면서), 이미 우리는 '예측'과 '예방'이 새롭게 위용을 떨치는 시대에 들어섰다. 이런 특징이 가장 두드러지게 나타나는 분야는 생명을 다루는 의학과 범죄학 분야다. '묻지마 범죄'가 늘어나면서 사건 후 인과관계를 추적해 범인을 잡는 것이 점점 어려워지자, 범죄를 저지를 만한 사람들을 미리 색출하거나 재범률을 줄이겠다는 논리로 전자발찌를 채우는 '범죄예방학'이 사회적 지지를 얻고 있다. 여기에 발맞춰 과학자들은 요즘 '범죄 유전자'를 찾는 데 조심스럽게(?) 열을 올리고 있으며, 아동심리학자들은 '결손가정의 청소년'을 심각한 사회적 문제아로 자랄 예비 범죄자인 양 취급하기도 한다.

'예방'이 가장 각광받는 분야는 단연 '의학'이다. 휴먼 게놈 프로젝트가 완수됨으로써 질병을 일으킬 유전자를 찾아내는 연구가 가능해졌고, 발병 후 고치는 '치료의학'에서 발병하기 전에 막는 '예방의학'이 의학적 화두로 떠올랐다. "당신은 25~35세 사이에 정신분열증을 일으킬 확률이 56퍼센트입니다" 같은 메시지를 쏟아내는 의학형 예측 시스템이 〈마이너리티 리포트〉를 방불케 한다.

치매를 미리 알아도 치매를 고칠 수 없다

이런 예측·예방 시스템이 우울한 이유는 그 앞에서 우리 모두는 잠재적 범죄자, 잠재적 환자라는 데 있다. 치료해주고 감옥에 가지 않을 수 있게 해주겠다는데 얌전히 속수무책일 수밖에. 그 대신 우리는 '발병 확률 50~60퍼센트', '범죄 확률 70퍼센트'라는 낙인이 찍힌

채 항상 감시받아야 한다. 미리 약을 먹으려고 '치료 기간보다 훨씬 더 긴' 기간 동안 예방약과 정기검진에 돈을 지불해야 하며, 하지도 않은 범죄, 앓지도 않은 병 때문에 직장을 잃게 된다('간질 발병률 30퍼센트'인 비행사가 항공기 기장으로 취직할 확률은 그 비행기에 타겠다는 승객 수만큼 희박하다).

영화에선 범죄예방국PreCrime Department의 형사들이 범죄 현장을 덮쳐 살인을 막고 살인자를 '살인미수자'로 바꿔 감옥에 넣는다. 미수 사건의 범죄율은 늘지만 살인 사건과 같은 중범죄의 비율은 현저히 떨어진다는 것에 위안을 얻어야 한다. ==그렇다면 만약 살인이 예측 가능할 정도로 결정된 운명이라면, 다른 누군가 똑같은 상황에 처해도 같은 일이 벌어졌을 거란 말 아닌가? 그렇다면 살인을 저지른 자의 도덕적 죄는 과연 무엇일까?==

〈마이너리티 리포트〉의 압권은 '운명을 알게 된 자의 고통과 몸부림'이다. 주인공인 존 앤더튼은 자신이 2~3일 내에 어느 호텔 방에서 살인을 저지를 거라는 사실을 미리 알게 된다(실제로 소설에서 존 앤더튼은 '톰 크루즈가 연기하기엔 버거운' 머리가 좀 벗겨지고 배가 나온 중년 신사다). 등장인물 중 유일하게 운명을 미리 알고 대비할 수 있는 캐릭터! 영화는 미래를 알고 있다는 사실이 다시 미래에 영향을 미칠 수 있다는 인과관계의 '뫼비우스의 띠'에 정면 도전한다.

1990년대 말 무렵, 내가 준비하고 있던 박사 학위 논문 주제는 뇌파와 fMRI(기능성 자기공명영상) 데이터를 통해 중년의 남녀가 10~20년 후에 치매에 걸릴 확률을 예측하는 시스템을 개발하는 일이었다. 미국신경과학회에서 내가 만든 시스템의 원리와 성능을 발표하고 나자, 미국 존스홉킨스 의대의 신경과 교수가 내게 질문을 했다.

"아직 치매 치료제나 백신이 나오지 않은 상태에서 치매 발병 가능성을 미리 알아서 얻게 되는 득은 무엇인가요? 환자에겐 그 순간부터 지옥 같은 시간이 시작될 텐데."

나는 그날 그분에게 두루뭉술하게 둘러대긴 했지만, 그 후로도 몇 년간 그 질문을 머릿속에서 지울 수가 없었다. 자신의 운명을 바꿀 수 없는 '치매 발병 예정자'들에게 미리 그 사실을 통보하는 것은 내가 보기에도 그 자체로 '범죄'였다. 톰 크루즈도 살인의 순간을 맞닥뜨리기 전까지 '눈까지 뽑으면서' 고통스러운 시간을 보내지 않았는가!(지금은 치매 증세 경감제가 나와 있어 조기 치료를 통해 발병 시기를 늦출 수도 있다. 겨우 변명이 생기긴 했지만 여전히 궁색하다)

머저리 같은 '머저리티 리포트'

예측과 예방은 그것이 전면에 등장하는 순간 '새로운 미래'를 만들어낸다. 질병과 범죄를 예측하고 예방하는 노력이 새로운 고통과 새로운 범죄, 새로운 의료 행위를 만들어내는 것은 아닐까? 우리는 과연 모리츠 코르넬리스 에셔Maurits Cornelis Escher의 〈자신을 그리는 손〉과 같은 인과관계의 '교묘한 사슬'로부터 자유로울 수 있을까?

우리를 보호해주겠다고 나선 테크놀로지의 아킬레스건은 '마이너리티 리포트', 즉 소수 의견에 있다. '머저리티 리포트'에 의지해 세상의 모든 불행을 예방할 수 있다고 믿는 '머저리들의 세상'을 극복하는 것. '소수 의견'이라고 해서 함부로 삭제되지 않는 세상을 함께 만들어가는 것. 그것이 우리가 이 영화를 두고두고 봐야 하는 이유다. ✤

2054년의 사회가 어떻게 될지를 상상하기 위한
72시간의 회의

현실적인 상상, 기술과 예술의 융합

**영화 속 공상, 이미 실제의 연구·개발에 뿌리를 둔
'기술적 상상'이었거늘**

+진중권

〈마이너리티 리포트〉의 매력 중 하나는 이 영화의 감독인 스필버그가 '미래 현실future reality'이라 부른 측면에서 나온다. 영화의 배경은 2054년 미국 워싱턴. 내가 살아서 보기에는 머나먼 미래의 일이다. SF 영화는 미래상을 그릴 때 대개 터무니없는 공상을 사용하곤 하지만, 〈마이너리티 리포트〉는 다르다. 거기에 묘사된 미래의 테크놀로지는 매우 현실적이어서, 그중 몇몇은 이미 실현됐고 그렇지 않은 것들도 가까운 미래에 실현될 수 있을 것으로 보인다.

도시 계획자·기술 혁신자가 모인 사흘간의 회의

예를 들어 구슬에 아직 벌어지지 않은 범죄의 피해자와 가해자의 이름이 새겨져 나오는 장면. 캐드(CAD : 컴퓨터 이용 설계)로 디자인한 형태를 컴퓨터수치제어CNC 밀링으로 조각하는 것은 오늘날 산업과 예술의 일상에 속한다. 실시간으로 업로드 되는 신문 역시 당장이라도 시연이 가능하다. 이미 종이처럼 마는 디스플레이와 무선

인터넷이 개발됐기 때문이다. 행인 각자의 이름을 불러주며 유혹하는 광고는 (개인 정보와 관련된 법적 문제만 해결된다면) 센서와 음성합성 장치를 이용해 얼마든지 만들어낼 수 있을 것이다. 가택수색에 사용되는 스파이더 역시 곤충 모양의 첩보 로봇 형태로 이미 개발이 진행되고 있다.

톰 크루즈가 연기한 존 앤더튼이 홀로그램으로 된 그의 아내를 마주 보는 장면은 '원격현전telepresence'이라는 이름으로 이미 현실이 됐다. 미국의 어느 IT 기업은 2007년 10월 인도의 벵갈루루에서 열린 신기술 발표회에서 사회자 바로 옆에 멀리 미국 본토에 있는 다른 임원들의 홀로그램을 띄워 객석의 관객을 놀라게 했다. 과거의 아바타는 유저가 사이버 공간 속에 입장하기 위해 입는 가상의 육체였다. 하지만 오늘날에는 프로젝션과 홀로그램 기술을 이용해 사이버 공간 속에 들어 있던 가상의 육체를 현실 공간으로 끄집어낼 수 있다. 영화가 나오고 불과 몇 년 사이에 영화 속 공상의 몇 가지는 이미 기술적 일상이 됐다.

이 영화에서 가장 인상적인 장치는 아마도 '인터페이스'일 것이다. 영화에서 주인공 앤더튼은 모니터나 키보드나 마우스 없이 센서가 달린 검은 글러브만으로 영상을 열고 닫고 확대하고 축소한다. 이 인터페이스에서는 유저가 좌석에 앉으면 바로 앞의 빈 공간에 가상의 작업대가 나타났다가 작업을 마치면 곧바로 사라져버린다. 이런 인터페이스가 가정이나 사무실에 들어올 때까지는 아직 좀 더 기다려야겠지만, 기술 자체는 이미 개발이 진행되고 있다. 허황되지 않은 매우 현실적인 상상. 이것이 바로 스필버그가 〈마이너리티 리포트〉에 구현하려 한 '미래 현실'이라는 것이다.

제작에 들어가기 몇 년 전에 스필버그 감독은 2054년의 사회가 어떻게 될지 상상하기 위해 사흘에 걸친 회의를 열었다고 한다. 그 자리에는 도시 계획자, 기술 혁신자와 매사추세츠 공과대학MIT 연구원들을 포함한 다양한 분야의 전문가들이 초대됐다. 이 미래 예측가들이 한자리에 모여 2054년의 세계가 어떤 모습을 하고 있을지를 놓고 브레인스토밍을 했던 것이다. 거기에 그치지 않고, 스필버그의 스태프들은 영화에 사용할 만한 기술을 찾으려고 직접 MIT 미디어랩을 방문하기도 했다. 〈마이너리티 리포트〉에 묘사된 2054년 사회의 놀라운 사실성은 이렇듯 철저한 과학적 예측에서 비롯된 것이다.

키보드와 마우스는 잊어라

특히 '과학기술자문'으로 일한 존 언더코플러John Underkoffler라는 이의 영향이 결정적이었는데, 그는 MIT 미디어랩에서 10여 년간 홀로그램에서 컴퓨터 인터페이스에 이르기까지 다방면의 경험을 쌓은 바 있다. 미국에서도 영화의 과학기술자문은 생소한 직업이었던 모양이다. 언더코플러는 후에 "나 자신을 포함하여 모든 사람이 이 직업이 얼마나 광범위한지 발견하고는 놀랐다"라고 술회했다. 1930~1940년대의 SF가 과학자들의 캐리커처만 그리느라 그 안에 진짜 과학적 정보는 들어 있지 않았다면, 〈마이너리티 리포트〉는 기술의 현재와 미래에 대한 현실적 예측에 기초한 '기술적 상상techno-imagination'의 구현이라 할 수 있다.

언더코플러의 말에 따르면, 스필버그 감독은 처음부터 그에게 키보드와 마우스를 잊어버리고 음성 인터랙션도 잊어버리라고 주문했다고 한다. 그런 것은 지난 30년간 SF에서 너무 많이 봐서 누구에게나 익숙하다는 이유에서였다. 그리하여 언더코플러는 새로이 제스처로 인풋을 하는 방법을 생각해냈고, 그것이 영화에 구현되어 관객에게 가장 인상적인 장면으로 남게 됐다. 하지만 이 제스처 인풋 방식 역시 순수한 공상의 산물이 아니라, MIT 미디어랩에서 이미 수년 동안 이루어져 왔던 연구에 기초한 것이고, 그 연구 중 몇몇은 언더코플러 자신이 수행했던 것이다.

MIT 미디어랩 '탠저블 미디어랩'의 멤버로서 언더코플러는 '반짝이는 방 The Luminous Room'이라는 프로젝트에 참여한 바 있다. 이 프로젝트의 핵심은 인터페이스 디자인을 데스크톱이 아닌 일종의 방을 건축하는 작업으로 간주하는 데 있다. 이 경우 사용자는 책상 '앞에' 앉는 게 아니라, 가상공간 '속에' 들어가 작업하게 된다. 〈마이너리티 리포트〉의 인터페이스는 물론 어느 정도는 언더코플러의 상상력의 산물이었지만, 동시에 이처럼 실제로 연구·개발되고 있는 진짜 기술에 뿌리를 둔 것이다. 이처럼 기술이 예술로 흘러 들어가는 흐름이 있다면, 반대로 예술이 기술로 흘러 들어가는 흐름도 있다.

오스트레일리아의 미디어 아티스트 제프리 쇼 Jeffrey Shaw는 "그동안 컴퓨터 기술의 발전에서 예술가들의 역할이 제대로 평가받지 못했다"라고 말한다. 사실을 말하자면, 오래전부터 미디어 아티스트들은 이런 몰입형 컴퓨팅 실험을 해왔다. 이를테면 인터넷이 연결된 케이브 CAVE 안에서 퍼포머가 가상현실 안으로 데이터를 실시간 스트리밍 하는 식으로 말이다. 오늘날 대중화된 인터페이스의 상당수가 실은 미디어 아티스트들의 실험에서 영감을 얻은 것들이다. 문학의 역할 역시 빼놓을 수 없다. 언더코플러는 말한다. "지난 10년간의 '사이버' 연구는 그보다 10년 앞서 유행했던 사이버펑크 문학의 영향을 크게 받았다."

창의적이지 못한 기술은 기능

얼마 전 대통령 각하께서 "우리도 닌텐도 같은 것 좀 개발하라"라는 교시를 내렸다가 빈축을 산 일이 있다. 닌텐도도 삽질로 뚝딱 만들 수 있다고 믿는 '공구리' 두뇌의 단단함은 기어이 '2MB(확장 불가)짜리 명텐도'의 패러디로 대중의 비웃음을 사고야 말았다. 오락기야 물리적으로 뚝딱 만든다 치더라도, 거기에 채워 넣어야 할 게임 소프트웨어는 어떻게 한단 말인가? 닌텐도 위Wii의 경우, 그보다 10여 년 앞서 이뤄진 미디어 아트의 수많은 실험이 있었다. 그것도 '닌텐도 체어Chair'와 '닌텐도 글러브Glove'의 실패라는 시행착오를 거쳐 겨우 성공한 사실을 이해하는 것은 물론 '2MB' 용량으로 감당할 수 있는 일이 아니다.

앞으로 창의적이지 못한 기술은 기능으로 전락하고 말 것이다. 기술도 이제는 예술과 문학의 지원을 받아야 한다는 얘기다. 어느 예술학교에서 그런 일 좀 해보려고 했더니, 양촌리 김 회장 댁 둘째 아드님이 각하께서 하사하신 좌파 척결의 숭고한 완장을 차고 나타나서서 예산을 전액 삭감해버리셨단다. ✚

05 ➕ 제프리 쇼

캔버스 위 예술가와 실험실의 과학자 사이

그거야말로 내 작품을 제대로 감상한 것이다.

'이상한 나라의 앨리스' 체험

미디어 아티스트 제프리 쇼,
새로운 세계·신체의 디자이너가 되다

+ 진중권

언젠가 독일 카를스루에의 '미디어와 예술 센터ZKM'에 갔다가 미술사 책에서 사진으로나 보던 제프리 쇼의 〈읽을 수 있는 도시Legible City〉를 직접 보았다. 미술사 책에서 본 작품을 미술관에서 다시 보는 것은 오늘날 그리 대단치 않은 경험으로, 여행자의 일상에 속할 것이다. 하지만 이 작품을 대하는 체험은 그것과는 양상이 사뭇 달랐다. 왜냐하면 관객이 작품을 직접 만지는 것은 물론이고 직접 그 위에 올라타도 되기 때문이다.

자전거를 탄 신체가 갑자기 사라지는 체험

관객 앞에 놓인 스크린에는 가로세로 15킬로미터에 달하는 암스테르담 시내의 모습이 실시간으로 펼쳐지고, 관객은 자전거를 타고 그 안으로 들어가 도시 구석구석을 탐험하게 된다. 도시 풍경을 사실적으로 묘사하기에는 아직 메모리와 폴리곤*이 부족하던 시절이라, 도시의 건물들은 그것들과 연관된 문자 텍스트로 대체되어 있다.

하지만 바로 그 덕분에 관객은 자전거로 도시를 탐험하면서 동시에 그 도시와 관련된 정보의 바다를 탐색하게 된다.

  자전거는 아주 매력적인 인터페이스였다. 페달을 빨리 밟으면 자전거의 속도가 빨라지고, 핸들을 꺾으면 자전거의 방향이 달라진다. 그렇게 자전거를 타고 암스테르담 시내 이곳저곳을 돌아다니다 문득 짓궂은 생각이 들었다. 자전거를 타고 건물로 돌진하면 어떻게 될까? 바로 핸들을 꺾어 힘차게 옆의 건물로 돌진했더니, 몸이 건물 벽을 통과해버리고 만다. 순간 내가 육체에서 벗어나 유령이 된 듯한 느낌이 들었다.

  어쨌든 발로 페달을 밟고 손으로 핸들을 움직이다가 갑자기 신체가 사라지는 것처럼 느끼는 것은 인상적인 체험이었다. 제프리 쇼를 직접 만난 자리에서 그에게 이 체험을 들려주었더니, "그거야말로 내 작품을 제대로 감상한 것"이라고 말했다. 자기의 관심사는 가

---

* **폴리곤** polygon
3차원 컴퓨터그래픽에서 입체 형상을 표현할 때 사용하는 가장 작은 단위인 다각형.

상현실 자체를 만드는 데 있다기보다는 관객이 가상과 현실을 오가면서 자신의 신체성을 다시금 의식하게 만드는 데 있다는 것이다.

제프리 쇼는 이미 디지털 시대 이전부터 가상현실의 체험을 연출해왔다. 가령 〈물 위의 산책 Water Walk〉이라는 작품을 생각해보자. 이 작품에서 관객은 거대한 고리 모양의 투명 비닐 터널 속을 걷게 된다. 물 위에 설치되어 있기에 그 투명한 비닐 터널 속에서 관객은 굳이 발을 물에 적시지 않고도 물 위를 산책하게 된다. 이렇게 그는 아날로그 방식으로 오늘날의 가상현실과 비슷한 체험을 연출했던 것이다.

이어서 등장한 디지털 테크놀로지는 그를 마침내 미디어 아트의 전설로 만들어준다. 그것을 이용하면 굳이 거대한 아날로그 장치를 설치하지 않고도 다양한 가상의 환경을 연출할 수 있기 때문이다. 흥미로운 것은, 물질성이 없는 가상을 만들어내면서도 그가 관객의 신체 체험을 특별히 강조한다는 점이다. 가상현실을 이용한 것이든, 증강현실*을 이용한 것이든, 그가 창조한 세계로 들어가려면 관객은 신체를 부지런히 움직여야 한다.

'신체에서 벗어나는 체험 disembodiment'을 넘어 '다시 신체로 들어오는 체험 reembodiment'을 지향한다고 할까. 이 두 가지 체험 사이의 차이는, 아마도 모니터 앞에서 그저 자판을 두드리는 오락기와 기

---

* **증강현실** augmented reality

실세계에 3차원 가상 물체를 겹쳐 보여주는 기술. 사용자가 눈으로 보는 현실 세계와 부가 정보를 갖는 가상 세계를 합쳐 하나의 영상으로 보여주는 가상현실의 하나. 현실 환경과 가상 환경을 융합하는 복합형 가상현실 시스템(hybrid VR system)으로 1990년대 후반부터 미국·일본을 중심으로 연구·개발이 진행되고 있다.

계 앞에서 온몸을 흔들어야 하는 DDR의 차이에 가까울 것이다. 이를테면 손가락의 움직임만으로 물질성이 없는 디지털 유령(아바타)이 되는 '세컨드 라이프'와 달리, 〈읽을 수 있는 도시〉의 관객은 발로는 페달을 밟고 손으로는 핸들을 꺾어야 한다.

파타피지컬 한 세계

제프리 쇼가 이제까지 해온 작업은 한마디로 '체현된' 인터페이스의 구축을 위한 예술적 실험이라고 할 수 있을 것이다. 그가 '닌텐도 위'에 열광하는 것은 당연한 일. 닌텐도 위는 유저를 디지털 가상에 입장시키는 새로운 방식, 즉 체현된 인터페이스의 도구이기 때문이다. 그에게 닌텐도 위는 "미디어 아티스트들이 이제까지 해온 예술적 실험이 상업적 성공을 거둔 최초의 예"다. 미디어 아티스트들이 꿈꾸던 세계는 이렇게 점점 일상이 되고 있다.

    이 인터페이스 디자인의 미학적 측면을 적절히 기술해주는 것은, 아마도 제프리 쇼가 마르셀 뒤샹Marcel Duchamp에게서 빌려온 '초박막infra-mince'이라는 개념일 것이다. 그는 초박막을 가상과 현실 사이에 존재하는 제3의 공간으로 규정한다. 하지만 가상과 현실 사이에 또 다른 공간이 있을 리는 없으므로, 그것은 일종의 관념적 공간으로 볼 수 있다. 가상과 현실 사이에 존재하는 그 '극도로 얇은 막' 위에서 과연 무슨 일이 일어나는가? 이것이 제프리 쇼가 다양한 작품을 통해 묻고 답하려는 물음이다.

    앞에서 얘기했던 〈읽을 수 있는 도시〉의 자전거 타기 체험으로 돌아가 보자. 관객은 자전거 위에서 발로 페달을 밟고 손으로 핸들을 꺾는 수고를 통해 자신의 신체성을 의식하지만, 자전거를 몰고 건물 벽으로 돌진하는 순간 갑자기 신체가 사라지는 듯한 느낌을 받는다. 이것이 바로 가상과 현실 사이에 존재하는 초박막 위에서 발생하는 사건이다. 그런 의미에서 제프리 쇼의 작업은 가상과 현실을 나누는 초박막 위에서 다양한 신체 체험을 발생시키는 실험으로 볼 수 있을 것이다.

가상과 현실을 오가며 사는 현대인은 제프리 쇼의 말대로 '파타피지컬 한 종pataphysical species'이 될 것이다. '파타피직pataphysic'은 프랑스 작가 알프레드 자리Alfred Jarry가 사용한 신조어로, 거칠게 우리말로 옮기면 '사이비 물리학'이라 할 수 있다. 이 말은 현실과 가상이 어지럽게 뒤섞인 세계의 상태를 가리킬 수도 있고, 과학과 은유가 어지럽게 뒤섞인 의식의 상태를 가리킬 수도 있다. 오늘날 우리는 어차피 공상과학이 된 현실 속에 살고 있지 않은가.

파타피직은 '은유metaphor' 대신에 '파타포pataphor'를 사용한다. 예를 들어 치열한 싸움이 벌어지는 전쟁터가 물리적 현실이고 장기판이 그 물리적 현실의 시뮬레이션, 즉 전쟁터의 은유라면, 파타피지컬 한 상태는 장기판 위에서 말이 움직이는 게 아니라 정말로 인간 병사들이 움직이는 상황에 비유할 수 있을 것이다. 영화 〈해리포터〉에서 해리 포터 일행이 거대한 체스판 위에서 움직이는 말들과 일전을 치르는 장면을 생각해보라.

사이비 물리학을 현실 세계로

루이스 캐럴Lewis Carroll의 《이상한 나라의 앨리스》도 파타피지컬 하다. 앨리스가 이상한 나라에서 겪는 모든 체험을 루이스 캐럴은 체스판 위의 사건으로 묘사했다. 거기서 앨리스는 문득 자기 눈앞에 펼쳐진 들판이 체스판처럼 흑과 백의 정사각형 모양으로 구획되어 있음을 깨닫는다. 이렇게 ==가상과 현실, 혹은 은유와 현실이 어지럽게 뒤섞인 앨리스의 이상한 나라가 오늘날 디지털 테크놀로지에 힘입어 점점 실현되고 있다.==

미디어 아티스트는 그런 파타피지컬 한 세계를 구상하는 이들이다. 인터페이스 디자이너들은 예술가들이 앞서 내놓은 구상을 실현해 대중의 일상으로 바꿔놓는다. 테크놀로지는 세계의 존재를 변화시키고, 그것의 상관자인 인간의 신체를 변형시킨다. 세계에서는 가상현실·증강현실·혼합현실*이 중첩되고, 인간의 신체에는 탈신체화와 재신체화의 체험이 중첩된다. 제프리 쇼는 그 얇은 박막 위에서 다양한 사건을 일으킴으로써 새로운 세계와 새로운 신체의 디자이너가 되려 한다. ✚

---

* **혼합현실**mixed reality

가상현실의 한 형태로 실제 세계에서 컴퓨터 그래픽으로 구성된 가상 세계를 결합하여 보여줌으로써 사용자에게 혼합된 영상을 지각하게 하며, 실시간으로 사용자의 행위에 의해 가상 객체를 조작하면서 컴퓨터와 상호 작용하는 컴퓨터 인터페이스 기술이다. 이때 사용자들은 실세계에 존재하는 물체들에 대한 실재감과 함께 가상 세계를 경험하게 되는데, 이 같은 혼합현실감은 기존의 가상현실 기술보다 훨씬 강한 몰입감과 실재감을 느끼게 한다.

그의 예술은
연구실의 시뮬레이션과 같다.

과학자는 미디어 아티스트?

과학자가 예술가가 되는 것이 아니라
예술가들이 과학자가 되어간다는 사실을 깨닫다

+정재승

1999년 겨울 무렵, 뉴욕 현대미술관MoMA에서 젊은 미디어 아티스트의 작품을 본 적이 있다. 작품 제목은 잘 기억나지 않지만 눈 내리는 겨울에 잘 어울릴 법한 '크리스마스트리'나 혹은 그 비슷한 제목이었던 것 같다. 거대한 나무 한 그루에 크리스마스트리 장식 불빛이 반짝이는 단순한 작품이었다.

그런데 재미있는 것은 크리스마스트리 불빛이 항상 켜져 있는 것이 아니라, 관객이 그 앞에서 발을 쿵쿵 굴러야만 불빛이 조금씩 반짝이기 시작하는 것이 아닌가! 여러 관객이 힘껏 발을 구를수록 불빛은 더욱 반짝였다. 당시 이 작품은 내게 너무 충격적이어서 한동안 이 작품에 대한 생각이 뇌리에서 떠나지 않았다. 만나는 친구들마다 이 작품에 대해 얘기해주면서 새로운 밀레니엄에는 예술이 많이 바뀔 것 같다는 얘기를 나눴다.

작품 하나가 관객을 날뛰게 만들다

그런데 내가 정말 신기했던 것은 작품을 감상하러 온 관객이 모두 나무 앞에서 발을 구르며 떠날 생각을 하지 않더라는 사실이었다. 어린이들은 미친 듯이 발을 구르기도 하고 두 손을 바닥에 짚기도 하면서 크리스마스트리를 더욱 반짝거리게 만들려고 경쟁하곤 했다. 작품 하나가 관객으로 하여금 발을 구르며 날뛰게 만드는 광경이 매우 신기했다.

서로 낄낄거리며 발을 구르는 관객의 모습을 보면서 문득 떠오른 생각. 이 작품 밑바닥에 압전소자(압력을 가하면 그것을 전기에너지로 바꿔주는 소자)를 깔아놓으면 크리스마스트리에 불을 켜는 데 드는 전기보다 더 많은 전기를 얻을 수 있지 않을까? 이걸 실내 놀이동산 중앙에 마련해놓으면 애들이 미친 듯이 발을 굴러 전기료가 꽤나 절약되지 않을까? 이런 공상을 했다. 생각은 꼬리에 꼬리를 물어 급기야는 세상 모든 군인의 군화 밑바닥에 압전소자를 넣어두거나 농구장 바닥을 압전소자로 깔면 에너지 문제가 해결될 수도 있겠다는 과대망상에까지 이르게 됐다. 아, 이런 과학자의 '영구기관에 대한 집착'이여!

이렇게 20세기 끝 자락에 미디어 아트를 처음 접한 뒤로, 미디어 아트에 대한 관심이 조금씩 생기기 시작했다. 그러면서 놀라운 발견을 하게 됐다. 내가 지금 하고 있는 연구가 예술가가 보기에는 미디어 아트(혹은 디지털 아트)와 크게 다르지 않을 수도 있다는 자아도취감에 빠진 것이다.

사연인즉 이렇다. 나처럼 복잡계 과학을 연구하는 '떠오르는 대가' 중에 '토머스 레이Thomas Ray'라는 과학자가 있다. 그의 전공은 인공생명Artificial Life. 그가 컴퓨터상에 구축한 프로그램인 티에라Tierra는 그야말로 하나의 생태계다. 이 공간 안에 존재하는 개체는 (모니터의 픽셀로 표현되긴 하지만) 생존 욕구가 있으며, 스스로 복제도 하고, 다음 세대에 돌연변이를 만들어내기도 한다. 또한 세대를 거듭하며 진화도 하며, 다른 개체와 만나 잡종처럼 뒤섞이기도 하는 생명체들의 서식지다.

다시 말해, 모니터상에서 이들이 보이는 패턴이 전형적인 생태계의 특징을 따른다는 것인데, 흥미롭게도 예술가들은 그의 연구 활동을 미디어 아트 작품 활동으로 간주하는 것이 아닌가! 그가 연구실에서 작업한 내용을 그대로 미술관에 전시하기도 했다(실제로 토머스 레이는 나도 회원으로 있었던 복잡계 의학 연구회에서 초청해 한국을 방문한 적이 있는데, 그가 KAIST에서 초청 강연을 했을 때 내가 그를 서울에서 대전으로 데리러 왔다 갔다 하는 일을 맡게 됐다. 당시 어린 박사 과정 학생에게 이런 경험은 평생 잊을 수 없는 추억이다. 그때 너무 떨려서 내가 실수를 많이 했던 것 같다. 식혜를 주면서 '한국의 전통 음료'라고 억지로 먹였다!).

얼치기 미디어 아티스트를 겸손하게 만든 진정한 예술가

그가 우리에게 보여주었던 작품이 내가 평소 연구실에서 하던 시뮬레이션과 크게 다르지 않다는 사실을 깨달으면서 갑자기 건방진 생각이 들었다. 내가 박사 과정 내내 하던 인공생명 연구, 내가 만든 '인 실리코in silico' 신경세포들이 서로 연결되기도 하고 엉켜 죽기도 하는 시뮬레이션 상황도 인공생명의 한 형태, 더 나아가 '미디어 아트'의 한 작품으로 볼 수도 있지 않을까? 이런 자아도취적 공상에 빠져 한때 내 시뮬레이션 결과를 컬러로 프린트해 책상 앞에 붙여두며 친구들에게 자랑하기도 했다. 이렇게 '얼치기 미디어 아티스트'는 조금씩 21세기 예술을 배워나갔다.

그런 나를 겸손하게 만들어준 진정한 예술가가 있었으니, 그의 이름이 바로 '제프리 쇼'다. 지금은 충격이 많이 사라졌지만, 그의 작품을 처음 봤을 때는 이것이야말로 '21세기 예술의 미래'를 힐끗 엿본 듯싶었다. 그의 가장 유명한 작품 〈읽을 수 있는 도시〉를 처음 봤을 때 얘기다.

제프리 쇼는 가상의 도시 공간을 관객에게 제공한다. 관객은 자전거를 타고 페달을 밟으면서 자기가 선택한 이미지 공간을 활주하고 이동한다. 내가 핸들을 돌릴 때마다 내 앞에 펼쳐지는 이미지 세계도 따라 회전하고 이동한다. 관객이 향하는 시선으로 이미지 공간은 매 순간 재배치되고 다시 정렬된다.

인터랙티브 아트가 이전에 없었던 것은 아니지만, 내가 놀란 것은 디지털 기술의 발달로 이미지에 대한 몰입감이 엄청나게 높아져 '인식 확장' 수준이 됐다는 데 있었다. 그는 정말 제대로 컴퓨터 프로그래밍을 할 줄 아는 예술가였다. 그것도 모자라 제프리 쇼 이후에는 인터랙티브 아티스트들이 3차원 고글, 카메라가 달린 모자, 데이터 글러브까지 관객에게 씌우면서 확장된 지각의 지평을 더욱 넓혀갔다. 물론 관객의 몰입도도 덩달아 올라갔다.

관객이 참여하고 예술 작품과 상호작용을 하는 것은 그저 트렌

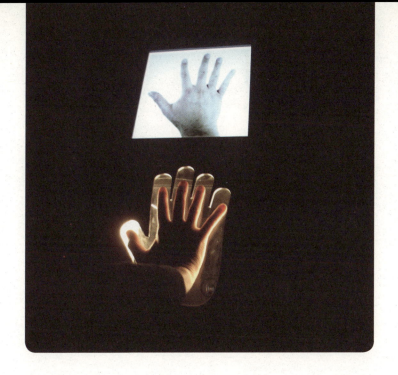

드가 아니라 인식의 확장이라는 점에서, 또 즉흥성을 극대화하고 반복 재현성을 부정하며 21세기 예술의 본질을 담아내고 있다는 점에서, 나는 제프리 쇼가 '21세기의 피카소'로 추앙받을 것이라 믿는다.

예술가들이여, 과학기술을 마음껏 가지고 노시라!

요즘 나는 인간의 의사결정을 탐구해 컴퓨터에 전달해주면서 뇌와 컴퓨터가 서로 상호작용을 연구하게 하는 '뇌·컴퓨터 인터페이스 brain-computer interface' 분야를 연구하고 있다. 그런데 우리가 실험실에서 만날 하는 일이 바로 이런 것이다. 고글을 씌우고, 손에 글러브를 채우고, 인간의 인식을 확장하는 것. 그것이 예술이었다는 것을 나는 이제야 배우게 된 것이다.

나는 20세기에는 물리학을 연구했고, 21세기에는 신경과학을 연구하고 있다. 20세기가 '물리학의 시대'라면 21세기는 '생물학의 시대'다. 그중에서도 가장 각광받는 분야는 단연 신경과학이다. 그런 점에서 나는 운 좋게도 트렌디 한 학문을 하고 있는 셈인데, 그중에서도 가장 예술과 가까운 분야를 하고 있다는 사실이 더없이 뿌듯하다(아, 이 몹쓸 자아도취감이여!).

그런데 뒤늦게 깨달은 것은 과학자가 예술가가 되어가는 것이 아니라, 예술가가 과학자가 되어간다는 사실. 그들은 컴퓨터를 장난감처럼 가지고 놀고 로봇과 기계를 마음대로 다루면서 세상을 바꾸고 인간을 변화시키고 있다.

디지털은 캔버스와 물감을 비물질화하면서 마음대로 조작 가능한 데이터로 만들고, 예술가의 등에 날개를 달아준 셈이다. 그 날개를 제일 먼저 펴고 훨훨 날아가 '창작의 세계'에서 자유롭게 활공하는 제프리 쇼. 과학자가 예술가가 되고, 예술가가 과학자가 되는 '21세기 예술의 출발점'에 제프리 쇼가 서 있다. ✚

06 ✚ 20세기 소년
소년공상만화가 감추고 있는 그 무엇

UFO와 핵무기가 '과학의 전부'라고 믿었던
우리들의 소년 시절, 얼마나 촌스럽고 유치했던가.

소년에게 과학은 무엇이었나

사이비 종교 집단에 맞서는 '보통 사람들의 분투'를 그린 만화, 20세기에 소년 시절을 보낸 '영락없는 우리들'이네

+ 정재승

과학자들에게 '국제 학회' 참석은 잡다한 행정 일과 수업으로부터 벗어나 '석학의 향기'를 맡고, 밀린 논문을 쓰고, 동료들과 토론하며 연구 아이디어를 얻는 귀한 시간이다. '출장'이라는 단어와는 별로 어울리지 않는 '일상으로부터의 일탈'이라고나 할까? 책장을 뒤적이며 비행기에서 읽을 책을 고르고, 저널을 뒤적거리며 읽어야 할 논문들을 프린트하는 작업은 그 자체로 '설렘'이다.

작년 가을 신경경제학회 Society for Neuroeconomics에 참석하려고 미국 유타 주에 있는 솔트레이크시티로 향하는 발걸음은 더욱 그랬다. 바로 직전 힘겹게 완성한 논문을 제출한 터라 마음도 가벼웠고, 여행 가방 한가득 만화책 24권을 담아갔기 때문이다. 우라사와 나오키浦沢直樹의 《20세기 소년》 22권과 《21세기 소년》 상·하를 벼르고 벼르다가 비행기와 호텔 방에서 몰아 읽었다. 아, 감동!

악을 탐구하는 만화가

우라사와 나오키의 만화는 '악'에 대한 인간적 성찰이 담겨 있다. 《마스터 키튼》에서는 고고학자 마스터 키튼이 (연구에 전념하고 싶지만 생계 때문에) 보험조사관으로 일한다. 단서를 발굴해 가설을 세우고 증거를 찾아 가설을 증명하는 고고학의 방법론과 SAS 교관을 지내며 익힌 전투 기술을 활용해 갖가지 범죄를 해결한다. 그 과정에서 마스터 키튼은 탐욕으로 얼룩진 범죄를 증오하면서도, 범죄에 빠져 들 수밖에 없는 인간에게 속절없는 연민을 느낀다.

《몬스터》에서는 '악의 본질'에 대한 좀 더 집요한 추적을 보여준다. 의사 덴마는 한 연쇄살인범을 쫓는다. 그의 이름은 요한. 그는 자신의 손으로 살인을 하는 경우가 없다. 불안을 조장하고 가공의 적을 설정해 증오를 품게 하는 방식으로 타인의 마음을 조종해 살인을 저지른다. 히틀러가 유대인을 학살했던 방식 그대로다. 불행하게도, 요한은 동독에서 진행됐던 '인간 개조' 실험으로 탄생한 악마다. 요한은 사람들 마음속에 존재하는 '악'을 끌어내고, 덴마는 그것을 치유하려 애쓴다(악의 근원을 추적하는 과정은 로봇 격투를 다룬 《플루토》(데쓰카 오사무 원작, 우라사와 나오키 각색)에서도 여실히 나타난다).

그의 만화에는 늘 다양한 인간 군상이 펼쳐진다. 마스터 키튼이 보험 사건의 범인을 추적하고 덴마가 요한의 행적을 따라가는 동안, 수많은 사람이 등장해 온갖 이야기를 들려준다. 이 과정에서 등장하는 인물들의 사연과 목소리는 그 자체로 우라사와 나오키의 만화가 '동시대를 살아가는 현대인의 모습을 적확하게 포착한 대하만화'의 반열에 오르게 만드는 힘이다. "기발한 상상력과 압도적인 필력, 현란한 사건을 뛰어넘어 머리와 가슴을 함께 울리는 만화적 지성"이라는 영화평론가 김봉석의 지적은 촌철살인이다.

《20세기 소년》에서도 나오키의 '악에 대한 탐구 정신'은 그칠 줄 모른다. 일본 전역에서 납치와 실종, 연쇄살인이 벌어지고, 그것이 사이비 종교 집단의 교주 '친구(도모다치)'와 이를 지원하는 우민당의 세계를 장악하려는 음모에서 비롯됐음이 드러난다. 그런데 '친구'가 지구를 멸망시키려고 바이러스를 퍼뜨리고 거대 로봇을 만들어 도시를 파괴하는 일련의 과정이 30년 전 겐지와 그 또래들이 비밀 기지에 모여 21세기를 상상하며 그렸던 '예언의 서'와 똑같은 시나리오가 아닌가! 만약 이대로 '예언의 서'가 실현된다면, 인류는 2000년 12월 31일 절대악인 '친구'에 의해 멸망하게 된다. 《20세기 소년》은 지구 종말론을 실현하려는 사이비 종교 집단에 맞서 싸우는 '보통 사람들의 분투'를 그린 SF 만화다.

교과서와 《새소년》의 과학

《20세기 소년》은 1960~1970년대 소년 시절을 보낸, 그리고 《새소년》과 《어깨동무》와 《소년중앙》에 심취했던 남성들이 열광할 만한 코드를 가지고 있다(상대적으로 여학생들은 이런 책에 별로 미혹되지 않았던 것 같다). 만화 속에 등장하는 겐지와 그 또래들은 영락없이 우리들이었다. 당시 《새소년》과 같은 학생 잡지에는 '과학'이라는 이름으로 온갖 음모론을 소개하곤 했다. 로스웰 사건과 외계인, 히틀러 생존설과 UFO 제작설, 제3차 세계대전에 대한 가상 시나리오, 일본에서 비밀리에 개발되고 있다는 생화학 무기, 핵전쟁 후의 지구 모습, 영국 스코틀랜드 네스 호의 흑백 괴물 사진, 그리고 노스트라다무스의 1999년 지구 종말론까지. 당시 우리에게 과학이란 '교과서에 실린 따분한 공식'이거나 《새소년》에 실린 음흉한 디스토피아적 몽상' 둘뿐이었다.

겐지와 친구들은 어린 시절 오사카 만국박람회에 너무도 가고 싶어 한다. 갔다 온 친구들은 날마다 자랑하고, 못 간 친구들은 자존심 상해하고, 귀동냥으로나마 만국박람회 이야기를 들으려는 친구들도 있다. 최첨단 과학기술이 전시되어 있기에, 과학을 좋아하는 학생들 사이에선 더욱 그랬다. 오사카 만국박람회가 열린 1970년 여름방학, 겐지와 친구들에게 중대한 사건이 벌어지는 것도 그 때문이다.

우리도 예외는 아니었다. 1994년 '대전 엑스포EXPO'는 그나마 최근 일이다. 온 나라의 초등학생이 '국풍 81'이라는 관제 문화축제에 동원되고, 86아시안게임과 88올림픽에 동원되지 않았던가!('국풍 81'

은 1980년 언론 통폐합 이후 청와대 정무1비서관 허문도의 지시로 여론 호도를 목적으로 1981년 5월 28일부터 6월 1일까지 5일간 여의도 광장에서 개최한 대규모 관제 축제다). 남들은 다 다녀온 '국풍 81'을 구경 못하면 놀림감이 되던 시절이었다.

또 끼리끼리 모여 밀담과 은밀한 비행을 공유하는 '비밀 기지'를 한 번쯤 안 가져본 소년이 있었을까?(비밀 기지는 흔히 아지트agit라고 불린다. 사회주의 운동 과정에서 정부의 눈을 피해 비밀 지령을 모의하는 지하운동 집합소로서 러시아어 'agitpunkt' 혹은 영어 'agitation point'에서 온 말이라지만, 우리들의 아지트는 '비행의 온상'이거나 '쓸데없는 과학 실험을 위한 창고'에 더 가까웠다) 연희동에서 유년기를 보낸 나는 연남동과 연희동을 가르는 기찻길 철둑 밑에 나뭇가지로 비밀 기지를 만들어 친구들과 전쟁놀이도 하고 《선데이 서울》에 나오는 풍만한 여인들의 사진 쪼가리들을 붙여놓곤 했다. 그때는 "나 어제 박치기왕 김일 봤다!"라는 말은 거짓말 축에도 못 끼었다. "우리 집에 로봇 있다!", "나 어제 외계인에게 끌려가서 외계 행성을 보고 왔다!" 정도는 되어야 "쟤가 한 구라 하는구나!"라며 귀 기울여주었다.

우라사와 나오키는 종말론이 횡행하고 과학에 대한 불신이 팽배하고 사이비 종교가 판치는 21세기 현대인들의 모습을 20세기 소년 시절에서 찾는다. 그 시절 외계인과 UFO와 생화학 무기와 핵전쟁이 '과학의 전부'라고 믿었던 우리들의 소년 시절이 얼마나 촌스럽고 유치했는지를 보여준다. 그리고 ==어린 시절의 꿈이 현실의 악몽으로 재현되는 순간, 끔찍한 '악의 모습'이 그 안에 도사리고 있음을 소름 끼치도록 정교하게 그려낸다.==

우리는 20세기 소년 시절을 벗어났을까

《20세기 소년》에는 '본격 과학만화'라는 부제가 붙어 있지만, 여느 SF처럼 그리 대단한 '과학기술'이 등장하지는 않는다. 하지만 '소년 시절, 우리에게 과학이란 무엇이었는가'를 끊임없이 되새겨보게 한다는 점에서 더없이 훌륭한 SF다.

지금 우리는 그 시절의 세기말적 분위기에서 자유로울까? 황우석 사태 때 본 맹목적 애국주의, 광우병 파동에 대한 언론과 전 국민의 감정 대립, 북한의 로켓 발사에 대한 언론의 호들갑. 아직도 우리는 '20세기 소년 시절'로부터 헤어나지 못하고 있는 것은 아닐까?

겐지는 중학교 방송반 시절, 클래식과 피아노 소품이 전부였던 교내 방송에서 티렉스T. REX의 〈트웬티스 센추리 보이20th Century Boy〉를 튼다. 입시에 대한 과도한 스트레스와 경쟁, 사춘기의 내밀한 사유마저도 집단적으로 통제하려 했던 중·고등학교 학제, 조폭을 연상시키는 또래 집단의 위계질서, 그 시절엔 그토록 중요했던 의리와 용기, 주먹과 카리스마, 그리고 배신. 《20세기 소년》은 헤비메탈이나 로큰롤 외엔 그다지 탈출구가 보이지 않았던, '20세기 우리들의 뒤틀린 소년 시절'에 대한 내밀한 고백이다. ✢

이게 SF라기보다는 차라리 일본 사회의
리얼한 묘사에 가깝다는 엉뚱한 생각을 하게 된다.

일본, 거대한 만화책

소년 시절의 꿈을 현실로 실현하는 어른의 SF

+ 진중권

15년여 전 일본에 처음 갔을 때 성인들이 공공장소에서 만화책을 꺼내 읽는 것을 보고 크게 놀랐던 기억이 난다. 뭘 보는가 싶어 슬쩍 훔쳐보니 그중에는 바라보기 민망한 내용도 있었다. 그때만 해도 그 모습이 솔직히 한심해 보이기까지 했지만, 그 뒤 몇몇 일본 만화를 접하면서 생각이 바뀌었다. 적어도 그곳에서는 만화가 문학이나 영화 못지않은 예술 장르로 여겨지고 있는 듯하다. 실제로 웬만한 일본 만화는 잘 쓰인 교양서적을 능가한다. 예를 들어 〈공각기동대〉의 경우 그 철학적 성취가 차라리 영화 〈매트릭스〉보다 낫다고 하지 않는가.

또 하나 인상적인 것은 일본 소녀들의 모습이었다. 양말이 중력을 거부하고 종아리에 붙어 있는 것도 물리학적 경이였지만, 소녀들이 가방을 들고 서 있는 자세도 해부학적으로 불가능에 가까웠다. 왜 저렇게 힘든 자세로 서 있는 걸까? 나중에 그 양말과 자세가 만화 속 '큐트'한 소녀 이미지에서 나왔다는 것을 문득 깨달았다. 이렇게 만화의 이미지에 따라 자신을 연출한다는 사실도 흥미로웠다. 이 모든 것은 만화라는 장르가 일본 사회에서 차지하는 남다른 위치를 보여준다고 할 수 있다.

어린 시절 '예언의 서'대로 일이 일어나다

《20세기 소년》 속의 사건은 오랫동안 잊고 지냈던 어린 시절의 추억으로 거슬러 올라간다. 때는 1969년, 우연히 들판에서 아지트를 발견한 아이들은 그곳을 '비밀 기지'라 이름 붙이고, 그곳에서 각자 집에서 들고 온 만화, 라디오, 누드 잡지 따위를 공유하며 심심한 소년 시절의 일상을 보낸다. 유키지가 모임에 합류한 뒤 아이들은 상상을 통해 악당들이 지구를 파괴하려 할 때 자신들이 들고일어나 지구를 지킨다는 시나리오를 만들고, 그것을 글로 적어 거기에 '예언의 서'라는 이름을 붙인다.

만화의 플롯은 그로부터 20년이 지난 1990년대 후반부터 진행된다. 미니마트의 주인이 된 겐지는 우연히 어린 시절 비밀 기지에서 만들어 사용하던 상징을 보게 된다. 그 뒤 사회에서는 이상한 사건들이 일어나기 시작하는데, 그것은 자신을 '친구'라 칭하는 사람이 이끄는 거대한 컬트 집단에서 일으킨 것이다. 그들은 2000년 새해를 맞이하기 전날 세계 전체를 파괴할 계획을 갖고 있다. 겐지는 눈앞에 벌어지는 사건들이 그 옛날 '예언의 서'의 시나리오와 똑같다는 사실을 깨닫고 옛 친구들을 불러 모아 함께 싸우기로 한다.

진중권 | 일본, 거대한 만화책　99

'옴진리교'의 독특한 신학적 상상력

과연 '친구'는 누구일까? 예언의 서나 옛날 비밀 기지의 상징을 알고 있다는 점에서 아마도 어린 시절의 그 악동들과 관련이 있을 것이다. 하지만 저자는 번번이 독자의 추측을 빗나가게 하면서 '친구'의 정체를 감춰버리고, 이것이 만화 전체에 강한 흡인력과 극적 긴장감을 부여한다. 서사는 여러 개의 시간대로 나뉘어 진행된다. 하나는 2000년부터 2014년까지, 다른 하나는 2014년부터 '친구 시대'의 제3년까지. 거기에 단서를 찾아 과거로 플래시백 되는 또 하나의 시간대가 있다. 이렇게 세 개의 시간대를 섞어놓고 서사를 진행시키는 데는 정교한 계산과 뛰어난 기교가 필요할 것이다.

보드리야르였던가? 미국 사회야말로 거대한 디즈니랜드라고 했던 것이. 그와 비슷하게 나는 일본 사회를 보면서 거대한 만화 같다는 생각을 하게 된다. '아키하바라'는 온갖 기술이 모이는 물질적 경제의 장소인 동시에 온갖 만화적 상상력으로 가득 찬 상상의 공간이기도 하다. 우주 소년 아톰은 만화이지만, 일본의 발달한 로봇 기술은 그 만화적 상상을 물질적 현실로 제시한다. 다른 나라에서는 어처구니없는 만화적 상상력에 불과한 것이 일본에서는 어렵지 않게 현실의 자격을 획득한다.

처음 일본에 갔을 때 지하철 여기저기에 '옴진리교' 관계자들의 전단이 붙어 있었다. 사이비 종교의 신도들이 사회적 물의를 일으키는 것이야 전 세계에 공통된 현상이지만, 세계를 몰락시키려고 대중을 향해 무차별 테러를 저지르는 것은 독특하다. 종말론 교도들은 아무리 극단적이라도 "종말아 오너라. 네가 안 오면 내가 네게 가겠노라"라며 집단 자살을 하는 게 대부분인데, 세계를 몰락시키겠다고 사린가스를 뿌려대는 사고방식은 신학적 상상에 만화적 상상이 겹쳐야 가능한 게 아닐까?

그 때문이었을까? 《20세기 소년》의 시나리오를 보면서, 이게 SF라기보다는 차라리 일본 사회의 리얼한 묘사에 가깝다는 엉뚱한 생각을 하게 된다. 수백만의 신을 모시는 다신교 문화는 특정 종교의 독단에서 자유로운 법. 다른 나라에서는 이단, 혹은 사이비 종교라 불리는 집단들도 일본에서는 전혀 이상할 것 없는 일상으로 존재한다. 다른 나라에서는 정상적 생활의 바깥에 존재해 그저 영화를 통해서나 볼 수 있는 폭력 조직도 일본에서는 그저 좀 껄끄러운 '친구'로서 일상생활 속에 용인된다.

우주 악당에 맞서 지구를 지키려는 로망

어린 시절 내게도 아지트가 있었다. 그저 지구를 지키겠다는 의지만 없었을 뿐, 거기에도 소년 잡지가 있었고, 배터리가 필요 없는 광석 라디오가 있었고, 밖의 동태를 감시할 수 있는 잠망경이 있었다. 마당 한구석에 설치해놓은 그 흉물을 어머니는 당장 치우라고 하셨지만, 그때 아버지가 나서서 어머니를 나무라며 내 상상력의 공간을 지켜주던 기억이 난다. 내 머릿속에서 나의 정체성은 뜰에 아지트를 짓고 다락방에서 혼자 공작을 하던 1970년대 소년 시절에 고착되어 있다.

어린이와 어른의 차이란 그저 장난감을 사는 데 들이는 액수의

차이에 있다고 할까? 어린 시절에는 프라모델 비행기를 조립하거나 김밥 싸는 나무 도시락을 잘라 글라이더를 만들며 놀다가, 어른이 되어서는 초경량 비행기를 사서 타고 다닌다. 비행 클럽의 회원들에게 물어보니 대부분 어린 시절부터 비행이 꿈이었다고 대답한다. 그 시절 꿈이 어디 비행뿐이겠는가? 소년들의 꿈에는 우주 악당에 맞서 지구를 지키는 로망도 포함되어 있다. 영화 〈지구를 지켜라〉의 주인공은 어른의 몸속에서도 여전히 살아 있는 그 소년의 꿈의 화신일 것이다.

《20세기 소년》에서 소년 시절의 꿈은 정말 현실이 되어 나타난다. 이제 그들은 '예언의 서'라는 만화적 상상력을 현실에서 실천하게 된다. 어른이 되어서도 어린이의 취미를 즐기는 이들을 '키덜트'라 부른다고 들었다. 이 문화론의 용어를 슬쩍 심리학적 용어로 전용할 수 있을 것이다. 어른이 되어서도 소년 시절의 만화적 상상력을 성인들의 현실적 세계에서 실현하고 싶어 하는 욕망이랄까. 하지만 그 욕망은 오직 만화의 형식으로만 실현될 수 있다는 점이 아이러니하다. 내 눈에 일본 사회는 거대한 만화책으로 보인다. ✚

+ 헬로키티

07 다음 세기에도 사랑받을 그녀들의 분홍 고양이

세상에,
고양이 한 마리가
이렇게 복잡한 인생사와 가족사와
연애사를 가졌다.

소녀의 '분홍빛' 꿈

세상을 알기에는 무력한 소녀가 이상형인 나라에서 왔어요

+진중권

일본인의 발상은 언제나 내 상상력을 가볍게 능가하곤 한다. 원고를 쓰려고 자료를 찾아 일본 웹사이트를 뒤지다가 재미있는 것을 발견했다. 이름 하여 '헬로키티 변신 세트'. 글자 그대로 애완용 고양이를 헬로키티로 변신시켜주는 세트다. 원리는 간단하다. 고양이 머리 위에 두 귀와 분홍 리본이 달린 하얀 벙거지를 뒤집어씌우는 것이다. 이 간단한 조작으로 생물학적 종의 다양성을 넘어 집에서 기르는 모든 종류의 고양이가 졸지에 하얀 고양이 인형이 된다. 가격은 무려 1만 8000엔. 우리 돈으로 20만 원이 넘는다. 사용례를 보여주는 사진들을 보고 뒤집히는 줄 알았다. 그중에는 심지어 하얀 벙거지를 뒤집어쓴 검은 고양이도 있었다!

소녀 넘어 사내아이로, 소아기 넘어 성인으로

키티는 1974년 플라스틱 동전 지갑에 그려진 캐릭터로 처음 등장했다. 그때만 해도 아직 이름이 없어 그냥 '이름 없는 하얀 고양이'라

불렸다고 한다. 이 고양이가 이름을 갖게 된 것은 이듬해인 1975년. '키티'라는 이름은 루이스 캐럴의 《거울 나라의 앨리스》에서 따온 것이라고 한다. 동화의 마지막 장면에서 앨리스는 잠결에 자기가 기르는 고양이를 마구 흔들어대면서 깨어나는데, 그 고양이의 이름이 바로 '키티'다. 일본에서는 보통 '키티짱'이라 불리나, 정식 명칭은 '키티 화이트'다. '화이트'라는 성은 물론 나중에 붙인 것이다. '키티'라고 하면 분홍색부터 떠오르지만, 고양이 자체는 하얀색이다.

 키티의 배경으로 등장하는 분홍색은 알고 보면 끔찍하게 촌스러운 색깔이다. 유치한 몽상을 가리킬 때 흔히 '분홍빛'이라는 수식어를 붙인다. 한마디로 그 색은 초등학교에 다니는 소녀가 가진 취향의 대명사나 다름없다. 키티의 성공은, 유난히 귀여운 것을 밝히는 일본 사회의 '가와이ヵワイイ' 문화와 관련이 있을 것이다. 하지만 놀라운 사실은 이 소아적 취향이 모든 한계를 초월하는 데 성공했다는 점이다. 일본에서 키티 취향은 이미 소녀의 벽을 넘어 사내아이로, 소아기의 벽을 넘어 성인 여성으로, 일본을 넘어 전 세계로, 심지어 문구류를 넘어 모든 제품으로 확산된 상태다. 이를 도대체 어떻게 설명해야 할까?

키티 팬들을 일본에서는 '키티라キティラ'라고 부른다. '키티라'는 한마디로 제 주위의 물건을 몽땅 키티 모티브로 바꿔놓아야 비로소 만족하는 족속이다. 1970~1980년대에 키티와 함께 소녀 시절을 보낸 아이들이 어느덧 엄마가 되어 아이에게 키티 취향을 물려주었다. '키티 맘'을 통해 새끼를 못 낳는 키티는 제 존재를 영속화하는 생식에 성공한 셈이다. 서구에서는 키티 취향이 여전히 소녀층에 한정된다 하나, 그것도 일시적 현상일지 모르겠다. 성인 키티라가 꽤 있기 때문이다. 마일리 사이러스Miley Cyrus, 캐머런 디아즈Cameron Diaz, 머라이어 캐리Mariah Carey, 힐턴Hilton 자매, 브리트니 스피어스Britney Spears, 크리스티나 아길레라Christina Aguilera 등의 유명인이 키티라로 알려졌다.

그저 귀여운 이미지만으로 키티의 성공을 설명할 수는 없다. 예를 들어 '슈퍼마리오'가 그토록 인기를 끌었던 것은 캐릭터에 개인사를 부여했기 때문이다. 즉, '까만 눈과 까만 머리를 가진 이탈리아계 배관공'이라는 설정이 없었다면 슈퍼마리오는 아마도 지금 누리는 국제적 명성을 갖지 못했을 것이다. 키티의 경우도 마찬가지다. 그 역시 개인사가 있다. 생년월일은 1974년 11월 1일. 이 날짜는 초대 디자이너 시미즈 유코清水侑子의 생일에서 따왔다. 출신지는 런던 근교, 신장은 사과 다섯 개, 몸무게는 사과 세 개, 혈액형은 A형, 좋아하는 음식은 엄마가 만들어주는 애플파이란다.

페르시아 고양이를 기르는 키티

1976년 2대 디자이너인 요네쿠바 세쓰코米窪節子는 한 걸음 더 나아가 키티에게 가족사를 부여했다. 키티의 쌍둥이 여동생 미미 화이트. 미미는 왼쪽에 리본을 달고 있다. 엄마가 둘을 구별하려고 키티의 반대편에 노란색 리본을 달아주었다고 한다. 키티의 아버지는 조지 화이트로 회사원이다. 어머니 메리 화이트는 원래는 피아니스트였으나, 지금은 주부로 지내면서 과자를 만드는 게 취미다. 할아버지 앤서니 화이트의 취미는 그림 그리기, 할머니 마거릿 화이트의 취미는 자수다. 3대 디자이너인 야마구치 유코山口裕子는 1993년 키티에게 '다니엘 스타'라는 남자 친구를 선사했다.

2004년에는 심지어 고양이 키티가 애완용 고양이를 기르는 이상한 상황까지 등장한다. 키티가 의인화된 고양이이기에 가능한 설정이다. 아무튼 키티는 아빠에게서 페르시아 고양이를 선물로 받아 기르기 시작한다. '챠미키티'라는 이 고양이는 이듬해에 동생을 본다. 그렇게 태어난 것이 '하니큐트'다. 남자 친구에게서 선물로 받은 햄스터 '슈가'도 키티가 기르는 반려 가족에 속한다. 남자 친구 다니엘 스타는 1993년 사업상 남아프리카공화국으로 떠나면서 키티와 이별했다가 1999년에 다시 만났다. 세상에, 고양이 한 마리가 이렇게 복잡한 인생사와 가족사와 연애사를 가졌다.

인형에 서사를 부여하는 전략이 키티에게 처음 사용된 것은 아니다. 예를 들어 미국에는 올해로 쉰 살 생일을 맞은 바비 인형이 있잖은가. 바비 역시 교사, 요리사, 스튜어디스, 에어로빅 강사, 우주인 등 100개가 넘는 화려한 이력서를 갖고 있다. 키티에게 다니엘이 있다면, 바비에게는 켄이 있다. 이들의 연애사도 극적이다. 몇 년 전 바비는 43년간 사귀었던 켄과 결별하고, 서핑보드를 탄 멋진 남자 블레인과 새롭게 만났다. 바비 인형의 매출이 떨어진 게 결별의 이유였다고 한다. 하지만 블레인이 켄이 떠난 자리를 채울지는 미지수. 그사이에 켄도 새로운 변신을 거듭하며 다시 바비의 마음을 사려고 노력하고 있단다.

바비와 키티의 차이

물론 키티와 바비 사이에는 큰 차이가 있다. 전 세계 어린이에게 미국 백인 중산층 여성의 욕망을 심어준다는 점에서 바비는 매우 이데올로기적이다. 이 한계를 넘고자 마텔Mattel 사는 동양인 바비, 흑인 바비, 히스패닉 바비를 출시하기도 했다. 하지만 이런 다른 인종 바비에게서 우리는 매우 역설적이게도, 그동안 바비가 철저하게 백인 여성의 미를 절대화했다는 고백을 읽는다. 반면 키티는 '무국적성'이라는 일본 대중문화의 전형적 특성을 갖는다. 키티는 영국 국적을 가진 것으로 설정되어 있으나, 엄연히 일본의 산물이다. 그런 의미에서 키티에게는 사실 국적이 없다. 이 고양이는 아이들에게 특정한 나라의 생활 방식을 강요하지 않는 것처럼 보인다.

그렇다고 해서 키티에게 일본적 특성이 없는 것은 아니다. 의식을 하든 못하든 디자이너가 특정한 문화적 환경 속에 갇혀 있기 때문이다. 일본을 비롯한 아시아 국가에서는 성인이 되어서도 소녀처럼 귀여운 여성에 대한 남성들의 취향이 존재한다. 서구에서 키티 취향이 열두 살 아래의 소녀로 한정되는 데는 이유가 있을 것이다. 이를테면 거기서는 나이에 어울리지 않게 소녀를 연출했다가는 모자라다는 소리를 듣기 십상이다. 하지만 세상사를 알기에는 너무나 순수하고 무력하여 보호 본능마저 자아내는 '가와이(귀여운)' 소녀가 어떤 문화에서는 가장 바람직한 여성상으로 여겨진다. 아마도 이것이 무국적 키티의 바탕에 어쩔 수 없이 깔린 일본적 특성이리라. ✚

:-)   :-(

^.^   ㅠ_ㅠ

이모티콘의 차이가 보이는가?

헬로키티는
우리에게 인사하지 않는다?

도무지 마음을 알 수 없는
헬로키티는 어떻게 여자를 사로잡았는가

✚ 정재승

몇 년 전 뉴욕에서 방학을 보낼 때 얘기다. 미국인 동료 교수 집에 초대받아 갔다가, 그 집 딸 책상 위에서 '헬로키티 현미경'을 발견했다. 세상에나, 헬로키티가 현미경도 만들다니! 조리개 옆에 키티가 멍하니 우리를 쳐다보고 있는 분홍 본체의 현미경을 보며, 그 교수는 내게 이렇게 말했다. "우리 딸이 과학에 관심을 갖게 하려고."

요즘 애들 방은 그야말로 '헬로키티의 성지'다. 헬로키티 침대와 베개, 헬로키티가 그려져 있는 이불과 작은 서랍장, 리본 달린 키티 모양의 쿠션들과 천장에 붙은 반짝이는 헬로키티 풍선들. 기저귀 가방도, 일회용 기저귀들도, 젖병과 숟가락도 모두 헬로키티의 서식처가 됐다. 1974년 산리오Sanrio 사가 만들어낸 이 귀엽고 앙증맞고 새치름한 캐릭터는 매년 1조 원 이상 매출액을 올리는 '황금 알을 낳는 하얀 고양이'이자, 세상에서 가장 빠르게 번식하는 '자기 복제 고양이'다.

소비자는 기억하지 않는 개인사

1972년생인 내가 초등학교에 다닐 때만 해도, 헬로키티 필통이나 가방을 학교에 가져오는 여학생은 그날 친구들 사이에서 '완전 스타'가 되곤 했다. 아직 우리나라에 수입상이 없던 시절, 헬로키티는 아버지가 일본에 출장을 다녀오거나 일본에 사는 친척이 한국에 방문하면서 선물로 사다 주어야만 가질 수 있는 '희귀품'이었다. 쉬는 시간마다 여학생들이 '완전 스타' 책상 주변에 둘러앉아 헬로키티 필통을 한 번씩 만져보는 모습은 남학생들에겐 도무지 이해가 안 되는 광경이었다. 건담 프라모델이나 울트라맨 피규어라면 모를까.

흥미로운 것은 산리오 사의 '헬로키티' 주 고객은 당연히 '여자어린이'이겠지만, 성인 여성의 구매량 또한 만만찮다는 사실이다. 하라주쿠나 시부야 같은 도쿄의 거리를 한번 걸어보면 알 수 있다. 일본 여성들이 어린이 같은 귀엽고 앙증맞은 옷과 장신구를 하는 '가와이 패션'을 하고 있다는 것을. 그리고 그 중심에는 항상 헬로키티가 있다.

헬로키티는 왜 그토록 여성들의 마음을 사로잡는 것일까? 마케팅 전문가들에 따르면, 헬로키티의 매력은 크게 두 가지다. 하나는 입이 없어 감정이입이 쉽고 자유롭다는 것. 입이 없어 키티의 표정을 알 수 없다 보니, 사람들은 자기의 감정 상태대로 키티의 감정을 해석한다는 것이다. 그리고 키티 매력의 두 번째 비밀은 만화나 영화에 먼저 등장했다가 인기를 끌어 '캐릭터 마케팅'에 사용된 여느 캐릭터들과는 달리, 이야기 없이 순수한 캐릭터로 탄생됐다는 점이다. 그러다 보니 사람들은 키티를 볼 때 만화나 영화 속 이야기를 먼저 떠올리지 않고 캐릭터 자체로 받아들인다는 것이다.

물론 키티에게도 개인사가 있다. 인터넷을 조금만 뒤져보면 쉽게 찾아낼 수 있는데, 쌍둥이 여동생 미미도 있고(노란색 리본을 달고 있다), 남자 친구 다니엘도 있으며, 회사원 아버지와 피아니스트였던 어머니도 있다. 키티라는 이름은 소설 《거울 나라의 앨리스》에서 따왔으며, 생일은 디자이너의 생일과 일치한다는 뒷얘기도 있다. 헬로키티가 주인공으로 등장하는 애니메이션도 여러 차례 제작된 바 있으며, 미국 텔레비전에서 상영되기도 했다(나도 본 적이 있는데, 애니메이션에선 대사를 해야 하다 보니 키티에게 입이 있었다. 그 광경을 보고 "저건 키티가 아니야!"라고 울부짖었던 기억이 난다).

그러나 이런 개인사는 모두 키티가 탄생한 후 나중에 억지로 붙여진 것이며, 무엇보다 키티를 구매하는 소비자 대부분은 그 개인사를 전혀 알지 못한다. 게다가 헬로키티 애니메이션도 그다지 재미있는 편은 아니어서, 일본에서도 기대 이하의 흥행 성적을 거둔 것으로 알고 있다. 어쨌든 헬로키티의 매력을 이런 관점에서 읽어내는 것은 너무 '미국적인 시각'이라는 것이 내 생각이다.

감정을 읽을 수 없는 커다란 눈

키티 매력에 대한 내 해석은 마케팅 전문가들과 다소 다르다. 먼저 입이 없다는 것이 헬로키티의 매력이긴 하지만, 나는 그것을 다르게 읽는다. 기쁨(:-))이나 슬픔(:-()을 표현하는 미국식 이모티콘이나 스마일 표시(☺, ☺, ☺)를 떠올려 보면 쉽게 알 수 있듯이, 서양 사람들

© 1976, 1999, 2009 SANRIO CO., LTD

은 주로 입 모양으로 감정을 표현한다. 그러나 동양인들은 주로 눈 표정에 변화를 주어 감정을 표현한다. 일례로, 우리들의 이모티콘 (^.^, ㅠ_ㅠ, ㅜ_ㅜ, @@)을 떠올려 보시라.

실제로 사람들이 얼굴 중 눈 표정을 보고 감정을 읽어낸다는 과학자들의 연구 결과도 있다. 세계적인 신경학자 안토니오 다마지오 Antonio Damasio는 아이오와 대학 동료들과 함께 2005년 1월 《네이처》에 흥미로운 논문을 발표했다. 편도체가 망가져 사람의 감정(특히 두려움)을 잘 읽지 못하는 환자 SM과 일반인들에게 '다양한 얼굴 표정'을 보여주며 감정 상태를 읽게 했다. 그리고 시각추적장치eye-tracking system를 통해 그들이 얼굴 표정에서 감정을 읽는 동안 '특히 어디를 보면서' 그런 감정을 읽어내는지도 알아보았다.

그 결과, 정상인들은 얼굴을 보며 상대의 감정 상태를 잘 읽어내는 능력을 가지고 있었는데, 주로 눈을 관찰하면서 감정을 읽어내고 있었다. 하지만 편도체가 망가진 SM은 얼굴 표정에서 감정을 제대로 읽어내지 못했다. 그는 상대의 눈을 제대로 보지 않고 코와 입을 주로 보고 있었다. 결국 '눈의 표정'을 제대로 읽어야만 감정을 파악할 수 있다는 것이다.

키티의 표정이 오묘한 것은 사실이지만, 그것은 입이 없어서라기보다는 '그 눈이 아무런 감정 상태도 말하지 않기' 때문이다. 흰자위 없이 까만 눈동자만 동그랗게 뜨고 있는 키티는 그저 멍하니 우리를 바라볼 뿐, 아무런 감정을 표현하지 않는다. 덕분에 사람들은 키티의 눈에 자신의 감정을 투영해 다양하게 감정을 읽는다.

서양의 마케터들은 '스토리텔링'이 사람들에게 감동을 준다며, 제품과 캐릭터에 이야기를 입힐 것을 권한다. 하지만 키티는 오히려 브랜드 마케팅의 전통적 견해를 상당 부분 뒤집고 있다. 만화 속 주인공도, 영화 속 인물도 아니며, 어떠한 개인사도 잘 알려져 있지 않다. 키티는 입이 없어서 우리에게 어떠한 말도 하지 않는다. 아이러니하게도, 헬로키티는 우리에게 인사를 하지 않는다. 그러니 항상 신비로울 뿐이다. 그 마음을 도무지 알 수가 없다.

캐릭터 마케팅의 핵심은 '의인화와 동일시'다. 깨물어주고 싶을 정도로 귀엽고 앙증맞은 고양이 키티는 의심의 여지 없이 누구나 '동일시하고 싶은 캐릭터'다. 그런데 이야기가 없고 메시지를 전하지도 않다 보니, 동시에 '동일시하기 쉽지 않은 캐릭터'다. 인형 하나, 필통 하나를 가진다고 해서 나를 키티와 동일시할 수가 없다.

그러다 보니 키티는 다른 캐릭터들과는 달리 '키티라'라 불리는 '모든 소지품과 온 방을 헬로키티로 채운, 키티에 미친 사람들'이 존재한다. 온 방을 채우고도 그 마음을 알 수 없기에, 동일시하기 힘들기에, 키티라가 존재한다.

소통을 위해 입을 그려 넣다

진화론적 관점에서 뇌를 연구하는 신경과학자들은 여성의 뇌는 오랜 진화 과정을 거치면서 '공감하기empathizing'에 더 적합하게 진화했다고 믿는다(그들은 남자의 뇌는 '체계화하기systemizing'에 더 적합하다고 주장한다). '공감하기'란 다른 사람의 마음을 읽는 데 그치지 않고, 그 사람의 처지를 이해하고 정서적으로 연결되려는 노력을 의미한다. 그런데 '너무 매력적이어서' 공감하고 싶은데 아무리 공감하려 해도 그것이 쉽지 않다면, 대량 구매를 할 수밖에. 그것이 아마도 키티가 존재하는 이유가 아닐까?

소설가 이지민은 단편소설집《그 남자는 나에게 바래다 달라고 한다》에 실린 단편〈키티 부인〉에서 자신의 온 방을 헬로키티의 '사설 물류 창고'로 만든 한 키티 마니아를 보여준다. 키티 부인은 방 안 가득 헬로키티로 채운다고 해도 결코 자신이 '사랑받는 분홍색 키티'가 될 수 없다는 사실을 깨닫고, 남편은 '그 흔한 캐릭터 상품 몇 개로 영혼의 충만을 확인하려는' 아내를 안쓰러워한다. 그래서 검정 유성펜으로 그녀의 헬로키티에 다양한 표정의 입을 그려준다. 비로소 소통하게 되는 부부. 헬로키티와 소비자들이 제대로 이루지 못하는 바로 그 '소통'을 그들은 하게 된 것이다.

1974년에 태어난 헬로키티가 이제 서른다섯 살이 됐다. 일본 캐릭터들이 그렇듯, 키티도 여전히 국적 불문이다(개인사에 따르면, 영국 출생이라고 하지만). 그래서 남녀노소, 국경과 인종을 뛰어넘어 모두에게 친근한 캐릭터가 된 키티를 구입하며, 우리는 '잃어버린 동심'을 충전한다. 내 아이에게 키티를 사주며 어린 시절을 키티로 채우지 못한 아쉬움을 달랜다. 아마도 키티는 50년은 더 인기를 끌겠지? 하지만 나는 입이 있는 '토토로'가 더 좋다. ✚

08 ✚ 셀카

기술은 끊임없이 자아도취를 향한다

혼자서도 재미있게 노는 법?

셀카에는 배경이 없다

**기술이 인간을 바꾸는 유용한 예,
그러나 셀카가 '정직한 삶의 기록'이 될 수 없는 이유**

✚정재승

21세기 대한민국은 '외로움'이 일상화된 시대. 영화를 보려고 극장을 찾는 관객의 35퍼센트는 혼자 영화를 보러 온 사람들이며 여행을 떠나는 관광객의 41퍼센트는 친구 없이 홀로 길을 나선 이들이다. 이 같은 추세라면 2030년에는 도시에 사는 젊은이의 60퍼센트가 형제 없이 자라고, 20대의 55퍼센트는 부모와 떨어져 혼자 생활하게 될 전망이라고 한다.

그러다 보니 요즘 젊은이들 사이에선 '혼자서도 재미있게 노는 법'이 인기다. 인터넷에 올라온 온갖 종류의 '혼자 노는 법'에 놀라게 되는데, 그중에서도 셀카는 '혼자 놀기의 진수'다. 인터넷 서핑과 컴퓨터 게임, 웹툰과 더불어, 아인슈타인의 '일상적 상대성이론(시간의 속도는 때와 장소에 따라 다르다)'을 체험할 수 있는 대표적 '시간 죽이기' 문화다.

기술이 만들어낸 문화

셀카란 카메라로 자신의 모습을 직접 찍는 행위를 말한다. 자신의 모습을 카메라에 직접 담는 것은 사진의 역사에서도 이미 오래전부터 '셀프 포트레이트Self-Portrait'라는 장르로 익숙한 문화다. 처음 사진 기술이 발명되면서 가장 먼저 등장한 장르 중의 하나도 바로 '초상 사진'이었다. 왕실과 영주들에게 억압과 착취만 당했던, 그때까지 자신의 초상화를 갖지 못했던 소시민들에게 카메라를 이용해 '초상화'를 선사하게 된 것은 사진 기술의 문화사적 의미이기도 하다.

1970년대 후반, 미국의 여성 사진작가 신디 셔먼*은 〈무제 필름

---

* **신디 셔먼** Cindy Sherman
미국의 여류 사진 예술가로 '여성'과 '몸'이라는 주제를 다루면서 모더니즘과 가부장적 남성사회가 규정한 여성상을 비판하며 여성의 진정한 자아확립과 주체 회복에 대한 메시지를 표현했다. 그녀의 작품에서는 카메라의 뒷면이라는 관음자적 모더니즘 주체가 아닌, 카메라 앞에 나와서 보여주는 포스트모더니즘적 주체를 볼 수 있다. 즉, 사진가의 시각에 모델을 대하는 것이 아니라 스스로 작품의 모델이 되어 시선의 주체와 객체를 모두 담당했다.
주요 작품으로 〈무제 필름 스틸〉 시리즈, 〈패션사진〉 시리즈 등이 있다.

스틸Unitled Film Stills〉이라 불리는 일련의 작품을 통해 기존의 작가들처럼 사진 속에 '작가가 말하고자 하는 메시지'를 담으려고 하지 않고 평범한 포즈로 새롭게 변화하는 자신의 모습을 담아 당시 사진예술계에 충격을 주었다. 요즘 젊은이들이 셀카를 찍는 것 역시 '개인사적 순간의 기록'으로서가 아니라 자연스러운 자신의 일상을 매 순간 담아내려는 소박한 노력이라는 점에서 우리 모두는 '신디 셔먼'이다.

셀카가 이처럼 자연스러운 문화로 자리 잡을 수 있었던 것은 생활필수품이 되어버린 디카(디지털 카메라)와 폰카(휴대전화 카메라) 덕분이다. 특히나 휴대전화와 디지털 카메라가 만나면서 생긴 문화라는 점에서, 과학자들은 21세기 셀카 문화를 기술이 인간의 문화를 바꾼다는 테제의 유용한 예로 간주한다. mp3가 음악 감상 문화를 바꾸고, 포토샵이 대통령 선거 풍토를 바꿨듯이 말이다(2004년에는 휴대전화 중 28퍼센트에만 카메라가 내장되어 있었으나, 2009년에는 출시된 휴대전화 89퍼센트에 카메라가 내장되어 있다).

삶을 자동으로 기록하는 '라이프로그'

기술적으로 휴대전화 안에 디지털 카메라가 들어가는 것이 쉽지 않았던 이유는 고화소megapixel의 CCD 카메라 모듈과 대물렌즈의 사이즈를 줄이는 데 한계가 있었기 때문이다. 그러나 수요가 있으면 과학기술자들은 밤을 새우도록 강요받는 법이다. 그들이 밤을 새우면, 스티븐 킹Stephen King의 소설 제목처럼 '결국 모든 일은 벌어진다'. 놀랍도록 줄어들고 있는 디지털 카메라 덕분에 셀카 문화는 앞으로

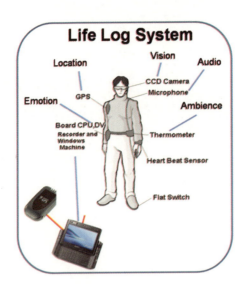

도 한동안 융성하리라 짐작된다.

과학자들이 자신이 이끌어낸 셀카 문화에서 가장 크게 배운 것은 '일상적 삶을 기록하는 것의 소중함'이었다. 사람들은 마치 일기를 쓰듯 자신의 소소한 삶을 기록해줄 무엇을 오랫동안 찾고 있었다는 것. 그래서 요즘 문화기술학 분야에서 가장 중요한 화두 중 하나는 삶을 자동적으로 기록해주는 일명 '라이프로그 시스템(Life-log system : 일상생활 기록장치)'을 개발하는 것이다. 블로그처럼 자신이 글을 써서 올리는 것이 아니라, 내 주변에 설치된 (혹은 내가 들고 다니는) 장치가 내 모습과 목소리, 심지어 내 생각과 감정을 읽고 기록하는 장치를 만드는 것이다.

야후Yahoo에서 하고 있는 거대한 라이프로그 프로젝트도 그중 하나다. 나의 일상이 낱낱이 블로그에 사진과 함께 자동적으로 올라가는 시스템을 구축하는 것이 그들의 목표다. 쉽진 않지만 언젠가 성공한다면 '대박'이지 않겠는가! (이 경우에도 스티븐 킹의 예언이 들어맞을까?)

일본의 과학자들도 '라이프로그 시스템'에 관심이 매우 큰데, 그들의 접근은 더욱 엽기적이다. 집에 카메라 24대를 설치해놓고 나와 내 가족의 삶을 24시간, 365일, 70년간 찍겠다는 것이다. 그렇게 해서 쌓일 동영상 데이터의 양은 2층짜리 건물 한 채 크기에 달한다. 문제는 이 거대한 데이터 더미에서 다시 보고 싶은 순간을 찾을 때 난감하다는 것이다. 원하는 데이터를 어떻게 효과적으로 찾을 수 있을까 하는 것이 그들이 풀어야 할 숙제다(일상이 데이터화된다는 것은 이처럼 고된 일이다).

그런 점에서 젊은이들이 집이나 카페에서 셀카를 찍는 정도는 '애교'다. 그러나 아이러니하게도 주머니에서 쉽게 꺼내 가장 가까운 거리(카메라와 나 사이의 거리는 70센티미터)에서 내 모습을 담는 셀카는 점점 '정직한 삶의 기록'으로부터 멀어지고 있다. 왜 그럴까? 여기에는 두 가지 이유가 있다.

하나는 현재 휴대전화에 들어 있는 카메라, 즉 폰카가 피사체와 렌즈 사이의 거리와 각도, 조명 등에 따라 크게 변형된 이미지를 만들어낼 수밖에 없는 기술적 한계 때문이다. 포토 집적회로기기의 발달로, 회전식 LCD와 회전식 렌즈가 디카에 장착되면서 카메라의 크기는 매우 줄어들었지만, 여전히 '사진의 질'에는 한계가 있다. 과학자의 눈에는 인터넷과 싸이월드에 올라와 있는 수많은 셀카 이미지들이야말로 '과학기술에 의한 정보의 왜곡 현상'을 보여주는 귀중한 사례로 보인다.

더욱 중요한 것은 실제로 셀카족들은 정확한 자신의 모습을 찍기 원하는 것이 아니라 '셀카만의 이미지'를 즐기고 있다는 점이다. 그들이 원하는 것은 정확한 삶의 기록이 아니라 지금 이 순간 내 모습을 가장 예쁘게 변형해서 담고 싶은 '나르시시즘적 욕망의 구현'이다. 그들은 이미 테크놀로지 위에 올라탄 것처럼 보인다. 수많은 시행착오로 폰카의 단점을 파악하고 때론 그 변형을 극대화한다.

이른바 '얼짱 각도'가 바로 그것 아닌가! 45·15도(팔을 쭉 뻗어 옆으로 45도, 위로 15도 정도 위치에서)로 사진을 찍으면, 눈은 크게, 얼굴은 갸름하게 나온다는 셀카 촬영의 이 고전 기법은 셀카족이 오랜 경험을 공유해 터득한 '폰카 왜곡 기술 활용법'이다. 여기에 고수는 '조명발'까지 활용한다.

내가 찍는데도(혹은 내 가장 가까이에서 찍는데도), 나의 진짜 모습이 아니라 '가장 왜곡된 모습'을 담아낸다는 점에서 셀카는 '삶의 기록'이 아니라 '욕망의 기록'이다. 우리는 셀카 안에서만큼은 눈이 사탕만큼 크고, 턱이 송곳처럼 가늘며, 얼굴이 핏기 없이 뽀얀 '일본 만화의 주인공'이 된다. 그리고 그 사진을 인터넷에 올리고 보여주며, 그것이 내 진짜 모습인 양 '얼짱 대회'를 치른다.

우리들의 낡은 앨범에 담긴 어린 시절 사진들과 달리 셀카에는 배경이 없다. 내 삶의 중요한 순간임을 알아챌 어떠한 실마리도 존재하지 않는다. 오로지 '나', 그리고 내 옆에서 나와 얼굴을 비비고 있는 사람과의 '관계'만이 포착된다. 과학자들이 휴대전화에 와이드 앵글 렌즈를 담아주면, 셀카족들이 '배경'도 함께 담으려고 노력할까? 아마도 그들은 카메라를 더욱 가까이 당겨 클로즈업된 자신을 담을 것이다. 21세기 '폰카', 과학자들은 지금 '욕망을 찍는 사진관'을 연구하고 있는 것이다. ✚

얼짱을 진짜 찾아가 봤더니

적은 화소와 오묘한 각도로 만들어내는 '미의 이데아'
셀카는 현실의 여체로부터 아프로디테를 추출하는 조각칼

+진중권

19세기까지만 해도 자신의 초상을 가질 수 있는 사람의 수는 지극히 한정되어 있었다. 초상으로 기능하려면 이미지가 실물과 꼭 닮아야 한다. 초상이라는 장르에 요구되는 고도의 리얼리즘은 오직 오랜 훈련을 거친 직업 화가에게만 가능한 일. 게다가 아무리 능숙한 화가라도 한 인물의 얼굴을 리얼하게 묘사하는 데는 오랜 시간이 걸린다. 이 때문에 초상은 권력자나 대부호와 같은 사회 유력 인사들의 전유물로 머무를 수밖에 없었다. 여기에 커다란 변화를 가져온 것은 물론 사진술의 발명이었다.

팔 길이 내 촬영이 가능해지다

하지만 초창기 사진은 회화와 크게 다르지 않았다고 한다. 이미지를 은판에 직접 인화한 초창기 사진은 회화처럼 복제가 불가능한 유일물이었기 때문이다. 당시 다게레오타이프* 한 장의 가격은 무려 금화 30프랑, 웬만한 초상화보다 외려 비쌌다. 초상이라는 장르가 대중화되려면, 사진술의 발전을 기다려야 했다. 19세기 말 마침내 '명함판' 사진이 등장하면서 글자 그대로 누구나 자신의 초상을 소유할 수 있는 시대가 왔다. 명함판 사진의 가격은 당시 파리 일용 노동자 일당의 하루 반치에 해당됐다고 한다.

주목해야 할 또 하나의 맥락은 카메라 자체의 대중화다. 초기 카메라는 거대한 중장비에 가까웠다. 알프스 산의 풍경을 찍으려면 장비를 당나귀 두세 마리로 날라야 할 정도였다니까. 하지만 기술의 발전과 더불어 카메라는 휴대할 수 있는 크기로 작아졌다. 또 현상과 인화를 맡아주는 DP점(소규모 사진 인화점)이 등장해 가정에 암실을 설치할 필요도 없다. 이로써 사진술은 누구나 즐길 수 있는 취미 활동이 됐다. 사진술은 이렇게 대중을 이미지 속의 제재subject이자 이미지 제작의 주체subject로 바꿔놓았다.

회화에 비유하자면 '자화상'이라 할까? 셀카에서는 촬영자와 피사체가 일치한다. 찍으면서 동시에 찍혀야 하는 이 모순을 해결하는 고전적 방식은 타이머였다. 카메라를 고정시키고 타이머를 가동한 뒤, 재빨리 미리 정한 장소로 가 포즈를 취한다. 너무 서두르다가 자빠지기도 하고, '타이머가 왜 작동이 안 되지?' 하는 표정으로 찍히기도 하던 것이 아날로그 시절의 풍경. 하지만 타이머 촬영으

---

* **다게레오타이프**daguerreotype

1839년 다게르(Louis-Jacques-Mande Daguerr)가 개발한 최초의 실용 사진 제판법으로 은판사진(銀板寫眞)이라고도 불린다. 다게르와 니에프스(Joseph Nicéphore Niepce)는 요오드화은을 입힌 구리판을 사진기 속에 넣고 빛에 노출시킨 다음 수은 증기를 쏘인 후 소금물로 정착시키면 영구적인 영상이 만들어진다는 사실을 알아냈다. 이는 최초의 성공적인 사진술로 이 명칭은 다게르의 이름에서 따왔다. 이를 토대로 19세기 중엽에는 다게레오타이프를 이용한 초상화 사진이 수없이 만들어졌다.

로 자기 자신만 찍는 경우는 별로 없었던 것 같다. 하긴 혼자 거리에서 그 짓을 하는 건 좀 머쓱한 일이다.

진정한 의미의 '셀카'는 역시 디지털의 산물이다. 과거에 근접촬영을 하려면 별도의 렌즈가 필요했으나, 휴대전화 카메라의 경우 팔 길이 내에서도 촬영이 가능하다. 뷰파인더를 통해 제 모습을 볼 수 없어도 문제없다. 과거에는 촬영에 실패하면 치러야 할 비용이 만만찮았지만, 정보가 셀룰로이드가 아니라 전자의 배열로 저장되면 촬영에 실패해도 삭제 버튼을 누르는 수고 외에 따로 비용이 들지 않는다. 또 촬영 결과를 즉석에서 확인할 수 있어, 원하는 결과를 얻을 때까지 재촬영을 할 수도 있다.

묵직한 아날로그 카메라는 사실 휴대하고 다니는 물건이 아니었다. 그것은 입학식, 수학여행, 결혼식과 같은 특별한 행사에 특별히 동원되는 장비였다. 이렇듯 아날로그 시대에 카메라의 기능이 다분히 '집단적'이었다면, 주머니 속에 쏙 들어가는 폰카나 디카의 기능은 지극히 '개인적'이다. 이것이 카메라에 찍히는 제재의 성격도 규정한다. 즉, 특별한 계기에 동원되는 아날로그 사진의 제재가 다분히 '공식적'이라면, 특별한 일 없어도 늘 휴대하고 다니는 폰카나 디카의 제재는 지극히 '일상적'이다.

고전주의 셀카, 바로크식 셀카

셀카의 미학은 메모리와 관련이 있다. 부족한 메모리는 얼굴에서 잡다한 결함을 지워버린다. 한정된 메모리가 인물의 이상화^{理想化}에 필요한 추상抽象의 역할을 해주는 것이다. 셀카에 대한 열광은 이와 관련이 있지 않을까? 물론 최근에 폰카도 화질이 엄청나게 좋아졌다. 셀카족들에게는 그저 반갑기만 한 일이 아니다. 고화질HD 텔레비전에서는 과거에 보이지 않던 세트의 결함도 눈에 들어오는 법. 해상도가 높은 폰카는 그 빵빵해진 정보량을 가지고 얼굴의 현실에 관한 진리를 사정없이 폭로할 수 있다.

이어서 '퍼스펙티브'의 문제. 이른바 '얼짱 각도'라는 것이 있다. 셀카족은 수많은 시행착오를 거쳐 자신의 얼굴이 가장 멋있게 나오는 각도를 체득했다. 3차원 공간을 차지하는 물체를 2차원의 평면 이미지로 번역할 때, 거기에는 이론적으로 무한수의 각도가 존재한다. 그것이 의미하는 바는, 웬만큼 생긴 얼굴이라도 꽤 멋있게 보이는 각도가 적어도 하나쯤은 존재할 수 있다는 것. 무한수의 각도 중에서 마음에 드는 하나를 뽑아낸다는 의미에서 얼짱 각도 역시 미적 이상화를 위한 추상이라고 할 수 있다.

거기에 포토샵과 같은 소프트웨어를 이용한 이미지 프로세싱이 존재한다. 내가 보기에 거기에는 크게 두 가지 노선이 있다. 하나는 형태를 변형시키는 고전주의 노선이고, 다른 하나는 색채나 조명을 조작하는 바로크 노선이다.

아무튼 이런 이상화 과정을 거치면, 이미지는 원래의 피사체와 거의 인과적 연관을 찾아보기 힘든 순수한 판타지가 된다. 언젠가 한 텔레비전 프로그램에서 '인터넷 얼짱'으로 알려진 어느 여고생을 찾아가 실제 얼굴을 보여준 적이 있다. 비교 결과는 물론 충격적이었다.

대중이 셀카로 자신의 이미지를 미적으로 이상화할 때, 그 모범이 되는 '미의 이데아'는 당연히 대중문화의 스타들이다. 오늘날의 문화산업은 현대인의 종교다. 자신의 삶을 미학적으로 조직했던 그리스는 다신교 사회였다. 그들은 삶의 가치와 이상들을 모두 신으로 의인화해, 그것들을 조각상이라는 시각적 이미지로 표현했다. 그리스인들이 신을 닮으려 했다면, 현대의 대중은 스타를 닮으려 한다. 셀카는 불완전한 현실의 여체들로부터 완전한 아프로디테의 형상을 추출하던 페이디아스Pheidias의 조각칼이다.

자본주의 시대, 자신을 연출하는 방법

블로그에 올린 사진 속의 얼굴, 그리고 아침 세면대 거울에 비친 얼굴. 전자는 이상이요, 후자는 현실이다. 전자는 환상이요, 후자는 진실이다. 둘 사이에는 넘을 수 없는 간극이 존재한다. 테크놀로지는 그 불가능을 가능하게 만들어주었다. 자크 라캉Jaques Lacan의 거울처럼, 셀카 속에서 대중은 완전해진 자신을 본다. 그리스인들은 삶을 아름답게, 더 아름답게 만들어 그 극한에서 신이 되기를 꿈꾸었다. 디지털 시대의 자본주의적 대중은 제 얼굴을 아름답게, 더 아름답게 만들어 그 극한에서 스스로 스타가 된다.

현실을 보지 못하고 이상에 매달리고, 진실을 거부하고 환상에 집착하는 것을 혹자는 허위의식이라 비판할지도 모르겠다. 하지만 디지털 대중의 태도는 단호하게 유미적이다. 그들은 진리에 대한 플라톤Platon의 집착보다 예술에 대한 프레드리히 빌헬름 니체Friedrich Wilhelm Nietzsche의 열정을 선호한다. 니체의 말대로 "진리보다 중요한 것은 예술"이 아니던가. 이 디지털 유미주의의 기술적 전제 중 하나가 바로 셀카. 미학적 환상은 오늘날 그저 허구를 넘어, 디지털 경제를 움직이는 물질적 현실이 됐다.

발터 벤야민Walter Benjamin은 그의 유명한 논문에서 '자기를 연출하는 소비에트의 대중'에 대해 얘기한 바 있다. 사진과 영화라는 복제기술이 인민대중으로 하여금 예술 작품의 영웅(=주인공)이 될 수 있게 해주었다는 것이다. 이렇게 그는 대중매체에서 신분제를 깨뜨리는 사회주의적 평등주의의 가능성을 보았다. 하지만 그의 기대와 반대로 그의 꿈은 외려 자본주의적 방식으로 실현된 듯하다. 영화로 자기를 연출하던 사회주의적 대중은 오늘날 셀카로 자신을 연출하는 자본주의적 대중이 됐다. ✚

09 ✚ 쌍꺼풀 수술
왜 눈 위의 작은 선 하나가 그토록 중요한가

병원들의 '미학적' 간판?

여성이 치르는 칼의 통과의례
사회의 온전한 성원이 되고자 눈두덩에 받는 할례

✚ 진중권

나도 수술을 한 적이 있다. 수술을 받은 게 아니라 수술을 직접 했다는 얘기다. 20여 년 전 군복무 중 몇 달간 수도통합병원에 파견을 나갔을 때의 일이다. 그때 위생병들은 의무장교들 몰래 수술 세트를 빼내 불쌍한 군바리 환자들에게 염가로(?) 포경수술을 해주곤 했다. 가격은 1인당 2만 원이었던가? 수술 세트 하나로 두세 명을 할 수 있기에, 총알 택시처럼 먼저 환자를 모집해 인원이 차면 병원 쪽의 통제를 받지 않는 우리 내무반에서 시술을 하곤 했다.

수술에는 두 사람이 필요하다. 위생병 둘이 할 경우 수술비를 반으로 나눠야 한다. 그때 위생병 하나가 참신한 경영 마인드를 도입했다. 나 같은 통신병을 조수로 삼으면, 절반의 가격으로 부릴 수 있지 않은가? 환자 1인당 5000원씩 받기로 하고, 나는 수술에 필요한 간단한 교육 뒤에 바로 실전에 투입됐다. '리도케인'이라는 마취제를 맞아 잔뜩 부푼 거시기는 복어처럼 생겼다. 내 임무는 마취제가 골고루 퍼지도록 그놈을 두 손으로 비비는 것으로 시작된다.

수술을 마치면 살점 세 개가 남는다. 위에서 세 번 칼집을 내고, 아래에서 칼집과 칼집 사이를 둥글게 잘라나가기 때문이다. 이 애

기를 하는 것은 우연히 인터넷에서 쌍꺼풀 수술 뒤의 장면을 보았기 때문이다. 사진 속의 플레이트 위에는 네 덩이의 살점이 올라와 있었다. 그중 둘은 눈꺼풀의 피부조직이고, 나머지 둘은 그 안에 들어 있던 지방조직이라고 한다. 그런데 그 모습이 20년 전 군대에서 봤던 그것과 대단히 비슷하다.

'미학'을 내건 병원, 예술에 이른 미용성형

서울 강남의 어느 거리를 걷다가, 한 병원 간판에 적힌 '에스테틱 aesthetic'이라는 낱말을 보고 걸음을 멈춘 적이 있다. 대체 '미학'과 병원이 무슨 관계가 있단 말인가? 그런데 주위를 둘러보니 일대 병원들이 모두 '미학적' 간판을 달고 있다. 예외가 딱 하나 있다면, 'aesthetic' 대신에 '다이어트'라 적은 병원이었다. 수천 년 뒤 강남 일대를 발굴할 고고학자들은, 강남 사람들은 다른 지역 사람들에 비해 외모가 크게 못생겼음이 틀림없다는 결론을 내릴 것이다.

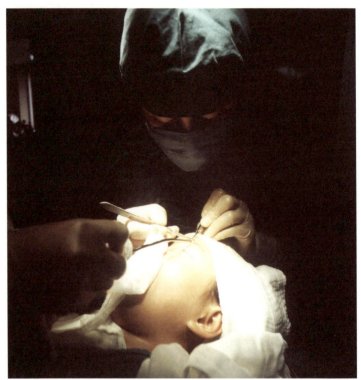

ⓒ연합뉴스

현대적 의미의 성형수술이 시작된 것은 1차 대전 이후라고 한다. 2차 대전을 통해 아마 이 기술은 도약의 발판을 마련했을 것이다. 날마다 전장으로부터 생체 실험의 대상이 무한정 제공됐으니, 이 얼마나 좋은 기회인가? 전쟁에서 탄생한 이 기술은 평시에는 다양한 산업재해를 통해 발전해왔다. 그것이 발달하고 발달해 예술의 경지에 이른 것이 미용성형이다. 오늘날 미용성형은 본래의 용도에서 해방되어 아예 자기 목적을 가진 예술이 됐다.

수술로 온몸을 조각처럼 깎고 심지어 키까지 늘리는 판에, 눈두덩의 피부를 자르고 지방을 덜어내는 것은 의학적으로 어려운 수술이 아닐 것이다. 거기에 어려움이 있다면, 그것은 의학적 문제라기보다는 주로 미학적 문제일 것이다. 눈이라는 부위가 워낙 섬세해 약간의 변형으로도 인상이 크게 변할 수 있으나, 결과가 항상 바람직하게 나오는 것은 아니기 때문이다. 붓으로 눈을 그리는 것도 힘든데, 칼로 눈을 그리는 것은 오죽하겠는가.

여성들의 쌍꺼풀 수술이 특히 한국, 중국, 일본에서 성행한다는 것은 일반적으로 인정되는 사실이다. 전형적인 비판에 따르면, 아시아 여성들의 쌍꺼풀 수술은 코카서스 인종의 외모를 흠모하다가 인종적 정체성까지 포기하는 현상이라고 한다. 그 원인으로는 대개 미디어의 영향이 지적된다. 여성들은 텔레비전이나 영화의 스타들을 동경해 거기에 나오는 미녀들과 심리적으로 동일시를 함으로써 자연스레 자신도 그들처럼 쌍꺼풀을 갖기 원한다는 것이다.

'죽음의 무도'를 마친 김연아를 보라

물론 반론도 존재한다. 미국에서 아시아 여성들에게 쌍꺼풀 수술을 해준 의사들에 따르면, 수술을 받으러 온 여성 중 누구도 서구적 눈매를 원한다고 말하지 않았단다. 쌍꺼풀이 서구인의 전유물도 아니고, 이미 동양인의 절반가량은 쌍꺼풀을 갖고 태어난다. 게다가 같은 쌍꺼풀이라도 서구인의 쌍꺼풀과 동양인의 쌍꺼풀은 인상이 꽤 다르다. 따라서 그 여성들이 꼭 서양인에 대한 열등의식에서 수술을 받으러 왔다고 할 수는 없다는 것이다.

내 관찰에 따르면, 쌍꺼풀 수술 좀 받았다고 여성의 외모에서 서구인의 느낌이 나는 것은 아니다. 아마 그랬다면 외려 기괴하게 느껴지지 않을까? 아시아 여성들은 그저 눈이 좀 커 보이기를 바라는 마음에서, 혹은 제 친구 누구처럼 자기도 쌍꺼풀을 갖고 싶다는 마음에서 수술을 받는 것일 터이다. 하지만 쌍꺼풀을 외까풀로 만들고 싶어 하는 여성은 별로 없다는 점에서, 눈이 커야 예쁘다는 판단 자체에 이미 서구적 미감이 들어와 있다고 한다면, 글쎄 그건 나도 잘 모르겠다.

한국인의 절반은 쌍꺼풀로, 절반은 외까풀로 태어나는데, 그중 한쪽만이 미의 기준이 되는 데는 좀 이상한 구석이 있다. 꼭 쌍꺼풀이 있어야 예쁜가? 그렇지는 않을 것이다. 쌍꺼풀이 너무 흔해 때로 천박하게까지 보이는 시대에는 외려 외까풀 미녀가 훨씬 더 빛나 보일 수 있다. 그 대표적 예가 바로 김연아. '죽음의 무도'를 마치고 쫙 째려보는 그녀의 눈매는 아름다움의 극치가 아닌가(오, 여성의 아름다움은 마침내 저기서 완성됐도다. 찬양하라, 승냥이들이여).

미용을 위한 성형수술의 기원을 찾자면 멀리 이집트까지 거슬러 올라가야 한다. 문헌에 따르면 이집트인들은 수술로 입술, 코, 귀를 고쳤다고 한다. 하지만 이들이 미용을 위해 쌍꺼풀 수술을 했다는 얘기는 없다. '위키피디아Wikipedia'를 뒤져보니 쌍꺼풀 수술의 효시는 1818년, 칼 페르디난트 폰 그레페Karl Ferdinand von Gräfe라는 이가 암으로 인한 눈의 기형을 교정하는 수술에 '블레파로플라스티blepharoplasty'라는 이름을 붙였다고 한다. 이 수술 역시 원래 미용이 목적은 아니었던 셈이다.

기사를 보니, 어느 설문 조사에서 한·중·일 여성의 절반가량이 "기회가 닿으면 성형수술을 받고 싶다"라고 대답했다고 한다. 비포before와 애프터after를 비교해놓은 사진을 보면, 솔직히 나라도 수술을 받고 싶겠다는 생각이 든다. 아름다워지려는 여성의 욕망을 탓할 일이 아니다. 하지만 "쌍꺼풀 하나로 인생역전?"이라는 기사의 제목은 쌍꺼풀 수술의 바탕에 깔린 우리 사회의 맥락을 너무나 솔직하게 표현하는 바람에 징그럽게까지 느껴진다.

쌍꺼풀 수술 쇼핑하기

쌍꺼풀 수술에 관한 기사들을 검색하면서 발견한 것은 거의 100퍼센트가 기사라기보다는 광고에 가깝다는 사실이다. 아마도 기사를 빙자해 광고를 낸 것이거나, 광고의 대가로 기사를 내준 것일 터이다. "쌍꺼풀 수술도 쇼핑 시대, 내게 맞는 눈 따로 있다!"라는 기사(?)의 제목은 쌍꺼풀 수술이 이미 큰 시장을 형성하고 있고, 그 서비스의 수준도 소비자 개개인의 취향을 고려할 정도로 섬세하게 발달해 있음을 알려준다.

　남에게 좋은 인상을 주기 위해, 취직과 면접을 위해, 혹은 사회에서 자신감을 갖기 위해, 쌍꺼풀 수술은 오늘날 한국 여성이라면 누구나 받아야 할 통과의례 비슷한 것이 되어버렸다. 심지어 본인은 원하지 않는데 가족의 성화나 친구의 권고로 수술을 받는 경우도 많다고 한다. 공동체에 원만히 입성하려면 칼의 세리머니가 필요하다. 사회의 온전한 성원이 되기 위해, 유대인 남성은 성기에 할례를 받고 한국인 여성은 눈두덩에 할례를 받는다. 할렐루야……. ✚

자신의 눈에 만족하지 못한 34.8퍼센트의 슬픔

아, 불행한 사회적 신체기관이여

우주인을 볼 때도 관여하는 여성의 미

✚ 정재승

우리 학과가 배출한 졸업생 중에서 가장 유명한 인물은 우주인 이소연. 이제는 저명인사가 된 소연이는 학부 때부터 씩씩하고 적극적인 학생으로 학교에서도 이름을 떨쳤다. 학과 대학원생 대표를 맡기도 했는데, 처음 부임했을 무렵 '교수들과의 토론' 시간에 학생 대표로서 의견을 얘기하던 모습이 매우 인상적이었다. 그녀가 우주개발의 중요성을 알리는 '우주인 선발 대회'에 참가해 우여곡절 끝에 '우주왕복선에 탑승한 최초의 한국인'으로 지구를 떠났을 때, 소연이는 우리 모두에게 여성도 아니고 학생도 아닌, 그저 '우주인'이었다.

네이버 지식iN 2만8000건, 위키피디아 0건

그녀가 무사히 '지구 귀환'에 성공하자(물론 착륙 시 아찔한 사고가 발생하긴 했지만), 소연이에 대한 기사가 봇물처럼 쏟아졌다. 그중에서도 나를 깜짝 놀라게 만든 기사는 소연이의 '우주에서의 얼굴 변화'를 측정한 한남대학교 조용진 교수의 코멘트를 인용한 기사였다. "이소연 씨가 우주에서 더 예뻐 보였다"라고 한 것! "분석 결과,

우주에서 쌍꺼풀 주름이 상승하고 짧아져 눈 모양이 유아형으로 변하는 등 실제로 미인형으로의 변화가 우주선 탑승 기간 동안 있었던 것으로 나타났다"라고 한 것이다. 소연이가 쌍꺼풀이 있었던가? 그때 처음 알았다. 사람들에게 이소연은 '여성' 우주인이었구나!

생물학적으로 정의하자면, '쌍꺼풀'이란 위 눈꺼풀의 아래 가장자리 부근에 평행하게 홈이 패어 만들어진 '이중 눈꺼풀double eyelid'을 말한다. 백인이나 흑인 대부분은 쌍꺼풀을 가지고 있지만, 동양인은 쌍꺼풀을 가진 경우가 비교적 적은 편이다. 우리나라 사람들만 해도, 쌍꺼풀이 있는 남녀는 절반도 채 되지 않는다.

쌍꺼풀 유전자는 외까풀 유전자에 대해 우성이라, 쌍꺼풀은 유전적인 성향이 강한 편이다. 쌍꺼풀을 가진 여성과 외까풀인 남성이 결혼해 자녀를 낳는다면, 쌍꺼풀을 가진 자녀가 태어날 가능성이 높다는 얘기다.

왜 서양인은 다들 쌍꺼풀이 있는데, 아시아인은 상대적으로 그 수가 적은 걸까? 성형외과 의사들에 따르면, 눈 주변 지방층(안와지방)의 위치가 달라서라고 한다. 서양인은 눈 주변 지방층이 주로 눈 위쪽에 위치해 거근(눈 주변 근육)이나 거근막이 피부와 잘 닿아 있어 눈을 뜰 때, 즉 거근이 위로 당겨질 때 피부가 같이 위로 당겨지면서 눈 주변 지방층이 쉽게 접힌다고 한다. 반대로, 동양인은 눈 주변 지방층이 두껍고 눈 주변 지방이 거근과 피부 사이에 내려와 있어 쌍꺼풀이 생기는 것을 방해한다.

네이버 지식iN 검색창에 '쌍꺼풀'을 쳐보면 "쌍꺼풀 수술을 잘하려면 어디서 해야 하나요?"를 비롯해 올라온 질문만도 2만 8000여 건. 블로그와 카페 글을 포함하면 12만 건이 넘는다. 그러나 아는가? 1000만 개 단어가 들어 있다는 '위키피디아'에 '쌍꺼풀double eyelid'은 없다는 사실을. 서양인은 다 있는데, 우리만 별로 없는 '심리적으로 열등한' 신체기관 쌍꺼풀. 서양인에겐 특별할 것도 없는데, 우리에겐 요즘 쌍꺼풀이 취업과 결혼, (몸의 일부로서 용도는 불분명하면서도) 자신감의 문제와 얽힌 '불행한 사회적 신체기관'이 되어버렸다.

쌍꺼풀은 성 선택에 유리한 신체기관

그래서인지 '성형수술의 문화사'라는 부제가 달린 엘리자베스 하이켄Elizabeth Haiken의 《비너스의 유혹》에 따르면, 쌍꺼풀 수술은 동양에서 서구 세계로 옮겨온 이주민에게도 '피하기 힘든 유혹'이었다. 유대인의 코, 흑인의 입술과 함께 아시아인의 실눈은 늘 성형의 대상이었다고 한다. 이주민은 앵글로색슨계 백인을 닮고 싶어 했고, 미국 사회의 주류 속에 편입하고 싶어 했다. 그래서 한때 미국에서는 유대인의 코 성형, 아시아인의 쌍꺼풀 수술, 흑인의 입술 수술이 '미국 주류가 되기 위한 과정'이었던 것이다.

특히나 성형을 원하는 아시아인은 미국 사회가 아시아인에 대해 부정적인 시각을 갖게 된 이유를 '작고 가는 눈'에서 찾았다. 아시아인의 전형적인 실눈이 '재미없고 즐길 줄 모르는 인간형', '책벌레', '졸리고 지루한 인상'을 준다는 것이다(또 콧날이 납작한 것은 성격이 나약하고 의지가 박약하다는 느낌을 준다고 믿었다).

아마도 엘리자베스 하이켄에겐 오늘날 한국과 일본 등지에서

'자기계발'과 '프로필 보강' 차원에서 벌어지고 있는 '쌍꺼풀 수술의 일상화'가 '아메리칸 드림American Dream'으로 해석될지 모르겠지만, '주류 미용 사회로의 편입'을 꿈꾸는 여성들의 선택이라는 점에서 맥락은 크게 다르지 않으리라.

쌍꺼풀 수술이 유난히 여성들에게 민감한 문제라는 점에서, 진화심리학적 관점에서 보자면 쌍꺼풀은 여성의 아름다움에 도움이 되는, '성 선택에 유리한' 신체기관이다. 인간의 얼굴은 원래 소통을 극대화하는 방향으로 진화했다. 눈의 흰자위가 홍채의 움직임을 돋보이게 해서 내 시선의 방향을 상대방이 파악할 수 있게 해주는 것처럼 말이다.

자신의 눈에 만족하지 못한 34.8퍼센트의 슬픔

이때 동공의 팽창은 호감을 표시하며, 사람들은 자신에게 호감을 갖고 있다고 믿어지는 '커다란 동공의 소유자'에게 곧잘 매력을 느낀다(과학자들의 통계분석에 따르면, 매력적인 눈은 가로 길이가 3센티미터, 상하 폭은 약 1센티미터, 눈과 눈 사이의 안쪽 간격은 3센티미터 정도라고 한다). 그런데 쌍꺼풀이 지면, 눈 자체가 강조되어 보일 뿐 아니라 상대적으로 눈알이 더 많이 드러나면서 동공이 더 커 보이고, 따라서 눈이 매력적으로 보이는 것이다(그래서인지 쌍꺼풀을 만드는 수술은 가능하지만 반대로 쌍꺼풀을 없애는 수술은 불가능하다고들 하던데, 아마도 그런 수술을 해야 할 이유가 마땅히 없어 성형외과 의사들이 노력을 안 하는 것인 듯하다).

외까풀의 눈은, 눈이 작아 보여 차갑고 영악한 인상을 주며, 눈꺼풀의 피부가 쉽게 처지거나 지방이 붙기 쉬워 노화 현상이 빨리 일어난다. 중년으로 접어들면 눈썹과 눈 사이가 주름으로 인해 좁아지면서 인상이 사나워 보일 수도 있어, 성 선택을 이미 받은 중년 여성에게도 쌍꺼풀 수술은 주름 제거 수술과 함께 인기 성형수술이다.

의술에 도움을 얻은 쌍꺼풀 소유자가 무척 많은 대한민국. 21세기 대한민국의 젊은이들은 방학 때, 휴가 때, 명절 때, 시간과 돈을 아껴 성형외과 수술대 위에 눕는다. 예뻐지고 싶어서, 자신감을 회복하기 위해서, 취업이나 결혼을 위해서, 눈썹이 자꾸 눈을 찔러서. 저마다 목적은 서로 다르지만, 그들은 세상을 보는 '창'의 겉문을 달고 현대의학에 자신의 미래를 건다.

우리나라 쌍꺼풀 수술자들의 만족도는 65.2퍼센트. 대만(47.9퍼센트)이나 중국(46.2퍼센트)의 성형수술 경험자들에 비해 월등히 높다고 언론은 칭찬하지만, 과학자의 눈엔 '자신의 눈에 만족하지 못한 34.8퍼센트의 슬픔이 더 크게 느껴진다. ✚

10 + 앤절리나 졸리
아름다움도, 도덕도 스스로 창조하라

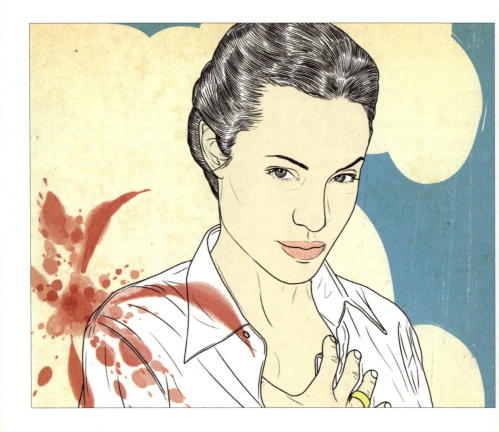

현대 진화심리학은
앤절리나 졸리의
'진정한 아름다움'을 설명하지 못한다.

식상한 진화심리학으로 설명할 수 없는 매력

'허리 대 엉덩이 비율' 0.7의 배우가 선택한
'여배우가 아닌 그냥 배우' 전략

✚ 정재승

본질적으로, 인간은 이야기를 좋아한다. 새로운 이야기를 만드는 걸 좋아하고, 남들에게 들려주길 좋아하며, 재미있는 이야기를 듣길 좋아한다. 이야기에 웃고 울고 공감하며 자신의 행동을 조절한다. 우리의 뇌는 기억을 이야기의 형태로 저장하며, 이야기를 만들어내도록 디자인 되어 있으며, 이야기를 통해 동료를 평가하고 세상을 판단한다. 이야기만큼 사람들에게 영향을 미치는 것도 드물다.

이야기는 옛것이니 캐릭터는 새것으로

《퀴즈쇼》의 작가인 소설가 김영하는 이것을 '설동설'로 표현한다. 인간이 살고 있는 지구는 태양 주위를 도는 것(지동설)이 아니라 이야기를 중심으로 돈다는 것이 그의 주장이다. 생각해보라. 《성경》이 전하고자 하는 메시지를 에세이 형태로 기술해놓았다면, 그것을 읽고 이집트를 탈출하거나 전쟁을 일으키거나 누구를 위해 평생을 바치는 일 따위는 일어나지 않았을 것이다. 성경이 이야기 형태로 쓰

여 있었기에 영향력도 컸을 거라는 얘기다.

20세기에 쏟아진 이야기는 그 전 시대에 만들어진 이야기보다 더 많았다. 영화와 텔레비전, 언론, 인터넷, 게임 등의 발달로 우리는 유례없이 많은 이야기를 즐기다 못해 시달리고 있다. 때론 20세기에 나온 이야기 대부분이 이미 등장했던 '고전의 변형'에 불과하다는 평가를 받기도 하지만, 그래도 새롭고 흥미로운 이야기가 끊임없이 나오는 것이 또 현실 아닌가!

그러다 보니 이야기의 포화 시대에 살고 있는 21세기 우리들에게 점점 필요한 건 '새로운 캐릭터'가 되어버렸다. 21세기라는 무대에 더 어울릴 만한 캐릭터, 현대인의 욕망을 충족해줄 새로운 캐릭터가 필요해진 것이다. 멜로드라마의 남녀 주인공이나 세상을 구하는 영웅이 아니라, 새로운 세상을 대변할 수 있는 캐릭터의 등장을 무엇보다 갈구하는 것이다.

덕분에 21세기에 들어서면서 할리우드나 충무로에서 남성 배우의 캐릭터는 상대적으로 다양해지고 있다. '신성일이나 정우성'으로 대표되는 '멜로드라마의 주인공 캐릭터'에서 벗어나, 송강호·설

정재승 | 식상한 진화심리학으로 설명할 수 없는 매력

경구·박중훈·안성기·하정우 등 여성들의 '성적 이상형'에서 벗어난 다양한 캐릭터가 등장하고 있다(당연히 고무적인 현상이다).

그러나 여성 배우들은 상대적으로 캐릭터가 다양하지 못한 실정인데, 그것은 '꿈의 영화 공장'이라고 불리는 할리우드도 마찬가지다. 미국 여배우들의 캐릭터를 한마디로 표현하자면, '아메리칸 스위트하트American Sweetheart'라고 하겠다. '온 국민의 연인'으로 번역되는 이 개념은 '남성들이 꿈꾸는 연인'을 의미하는데, 미국 여배우들이 할리우드에서 살아남는 전략이 된 지 오래다. 오드리 헵번Audrey Hepburn이나 줄리아 로버츠Julia Roberts가 취한 바로 그 전략 말이다.

이 전략으로부터 벗어나 성공한 여배우는 찾아보기 어려운데, 조디 포스터Jodie Foster(〈양들의 침묵〉의 클라리스 스털링!)나 린다 해밀턴Linda Hamilton(〈터미네이터〉의 사라 코너!), 시고니 위버Sigourney Weaver(〈에일리언〉의 엘렌 리플리!) 정도가 아닐까 싶다. SF에서 '여전사'가 필요하자 등장한 이들 캐릭터는 대부분 레즈비언이거나 남성적 이미지를 가진 여배우들이 차지해왔다(개인적으로는 이런 배우들을 선호하지만, 일반적으로 남성에게 어필하는 캐릭터로 보기는 어렵다).

'남성 옆의 여성'을 거부해

그런 관점에서 봤을 때, 할리우드 배우 중에서 21세기 가장 주목해야 할 배우는 단연 '앤절리나 졸리Angelina Jolie'다. 30대 중반을 갓 넘은 이 배우(1974년생)는 '세상에서 가장 섹시한 여배우'다. 미국《피플》지가 해마다 선정하는 '세상에서 가장 아름다운 사람'에 할리 베리Halle Berry나 줄리아 로버츠, 크리스티나 애플게이트Christina Applegate, 드류 배리모어Drew Barrymore, 미셸 파이퍼Michelle Pfeiffer 등과 함께 단골로 선정되어왔으며, 올해에는 1위를 차지하기도 했다.

진화심리학에서는 세상에는 두 가지 타입의 미녀가 있다고 주장한다. 드류 배리모어와 앤절리나 졸리. 귀여운 타입과 섹시한 타입의 여성으로 분류되는 이 '매력녀 이분법'에서 앤절리나 졸리는 섹시한 타입의 전형을 보여준다(우리나라로 따지자면, 문근영과 김혜수로 대표될 수 있을까?). 동그란 눈과 도톰한 입술, 큰 가슴과 엉덩이, 그리고 잘록한 허리. 그의 '허리 대 엉덩이 비율waist to hip ratio'은 0.7. 진화적으로 앤절리나 졸리는 이성에게 가장 선택받기 좋은 '완벽한 몸'을 가진 것이다.

그런 그녀는 놀랍게도 자신의 타고난 신체적 장점을 세상이 원하는 대로 활용(?)하지 않고, 새로운 방식으로 '배우로서의 정체성'을 형성하고 있다. 졸리가 취한 방식은 '독립적인 여성' 또는 '여배우가 아닌 그냥 배우' 전략이다. 그녀는 시고니 위버의 뒤를 이어 여전사의 이미지를 가지고 있지만 매우 독립적이며, 자신의 여성성을 한껏 드러내면서도 '남성 옆의 여성'이길 거부해왔다. 〈원티드〉에서 '섹시한 암살자'로 나온 그녀의 캐릭터를 보시라. 남자를 교육하고 남자보다 더 멋있는 킬러, 여배우가 아니라 그냥 '배우'가 아닌가! (그녀가 '아메리칸 스위트하트'인 제니퍼 애니스톤Jennifer Aniston으로부터 브래드 피트Brad Pitt를 뺏은 것도 이런 이미지를 강화하는 데 도움이 된 것 같기도 하다)

버려진 아이들을 입양하고, 형편이 어려운 나라들을 돕고, 홍수나 지진해일 같은 대재난 피해를 외면하지 않고, 미국이 일으킨 전쟁에 반대하며, 다양한 사회적 발언을 하는 것도 여느 여배우들과는 다른 행보다. 그녀는 얼마 전 U2의 보노와 함께 '평화를 사랑하는 스타'로 선정되기도 했으며, UN으로부터 세계인도주의상(2005년)을 수상하기도 했다(미국의 연예 전문 사이트 팝이터닷컴PopEater.com과 비보닷컴Bebo.com이 '세계 평화의 날International Day of Peace'을 맞아 9월 21일 동시에 조사한 설문 조사에 따르면, 보노가 33퍼센트, 앤절리나 졸리가 32퍼센트의 지지를 받아 '평화 지킴이'로 선정됐다고 한다). 2008년 세계에서 가장 영향력 있는 인물 3위로 선정되기도 했다.

나는 '로스의 연인' 제니퍼 애니스톤을 슬프게 만든 앤절리나 졸리를 좋아하진 않지만, 그가 주목할 만한 배우라고 생각한다. 그가 남자 배우의 사랑을 받기 위해 안달 난 연기를 하지 않고, '세상의 아이들을 돌보는 것'과 '악당을 때려눕히는 것'에 더 관심을 갖고 있다는 사실만으로(졸리는 현재 입양한 아들 매덕스, 팍스, 딸 자하라와 브랜절리나 커플을 빼닮은 샤일로, 비비안, 녹스 등 모두 여섯 자녀를 키우고 있다). 그녀는 최근 〈체인질링〉에서 유괴된 아이의 어머니를 연기했다.

이성의 시대를 조롱하는 고딕 시대의 여인

졸리가 풍기는 독특한 매력은 어디서 기인하는 것일까? 그녀는 아직도 〈툼 레이더〉의 섹시한 여전사 이미지에서 벗어나지 못하는 것일까? 나는 그 해답을 최근 읽은 책에서 찾게 됐다. 캐서린 스푸너

Catherine Spooner의 《다크컬처Contemporary Gothic》에 따르면, 앤절리나 졸리는 고딕 시대에서 튀어나온 여신이다. 2000년 아카데미 시상식장에서 〈처음 만나는 자유〉로 여우조연상을 받았을 때 새까만 붙임머리에 고딕풍의 베르사체 드레스를 입고 등장해 미국인들을 놀라게 했으며, 할리우드 정상에 오른 순간 고딕풍의 옷과 스타일을 고집해오면서 주류 스타이자 동시에 '전위적인 아웃사이더'라는 상반된 이미지를 드러냈다는 것이다(고딕Gothic이란 르네상스 사람들이 중세 건축을 야만적인 북유럽의 고트Goth족이 가져온 양식이라 비난했던 데서 시작된 표현이다. 말끔한 고전 양식 대신 뾰족한 아치, 기괴한 각도의 조형, 괴물 모양의 장식물 등으로 꾸며진 사르트르 대성당은 이성 대신 야성과 환상을 고취했다). 졸리는 '여전사 이미지'에서 벗어나 자신만의 스타일을 고집하며, 미국을 비판하고 이성의 시대를 조롱하며 테크놀로지의 그늘을 보살펴온 것이다.

　현대 진화심리학은 앤절리나 졸리의 '진정한 아름다움'을 설명하지 못한다. 우리에게도 '식상한 진화심리학으로 설명할 수 없는 매력'을 가진 여배우가 등장하길 조심스레 기다려본다. ✚

만약 졸리가 모범적인 배우로 모범적인 사생활을
하면서 난민 구호라는 모범적인 활동만 했다면, 아마
그녀가 가진 매력은 반감됐을 것이다.

앤절리나 졸리, 그녀만의 도덕

미덕·악덕 상관없이 개별자의 절대적 자유를 가지고
더 높은 사회적 윤리에 자발적으로 복종하다

✚ 진중권

브래드 피트가 아내를 위해 프랑스에 있는 저택 근처에 사설 비행장을 지어준단다. 아무리 경비행기라도 활주로가 최소한 1킬로미터는 되어야 할 텐데, 역시 할리우드 갑부라 그런지 통이 크다. 앤절리나 졸리는 개인 조종 면장PPL을 갖고 있다. 남편 브래드 피트와 함께 아프리카의 모로코로 직접 비행기를 몰고 휴가를 떠나기도 했다. 비행에 관심이 있는 사람이라면, 당연히 그녀가 무슨 비행기를 모는지 궁금하기 마련. 인터넷을 뒤져보니, 그녀가 소유한 비행기는 시러스 SR22. 디자인이 고혹적일 정도로 섹시한 고익기로, 내가 평소에 갖고 싶어 한 바로 그 기종이다.

두 극단의 묘한 결합

"네가 더 나이가 들면 손이 두 개란 걸 알게 될 것이다. 한 손은 너 자신을 돕는 손이고, 나머지 한 손은 다른 이를 돕는 손이란 것을." 오드리 헵번이 죽기 전해 성탄 전야에 자녀들에게 유언처럼 남겼다는 샘 레빈슨Sam Levenson의 시 마지막 구절이다. 시에서 말하는 것처럼 헵번은 말년에 자신의 한 손을 다른 이를 돕는 데 썼다. 그녀를 '아름다운 사람'이라 부를 때, 그 '아름다운'이라는 말의 의미는 그리스인들이 말하는 '칼로카가티아Kalokagathia, 善美'에 가까울 것이다. 그것은 윤리와 미학의 통일, 즉 아름다운 '외모'와 유덕한 '행위'의 통합을 가리킨다.

그와 대극을 이루는 이가 있다면, 마이클 무어Michael Moore 감독의 영화 〈볼링 포 콜럼바인〉에서 본 찰턴 헤스턴Charlton Heston일 것이다. 청소년들의 총기 난사 사건으로 온 사회가 시끄러운 분위기 속에서도, 이 노배우는 꿋꿋하게 '전미총기연합회'를 위해 총기 소유의 필요성을 강조하는 강연을 하고 다닌다. 화면 속의 그는 젊은 시절의 그를 기억하는 이들에게는 충격적일 정도로 볼품없었다. 그것은 신체의 노쇠에 따른 자연스러운 현상이라기보다는 부덕한 삶이라는 인위적 행위의 결과로 보였다. 선미善美를 뒤집으면 추악醜惡이 되던가?

"나이가 들면 자신의 얼굴에 책임을 져야 한다"라는 말이 있다. 외모와 행위의 아름다움 사이에 직접적 인과관계가 있지는 않을 것이다. 하지만 적어도 주관적으로, 행위에 대한 윤리적 평가가 외모에 대한 인상을 좌우하는 것은 사실로 보인다. 행위가 아름다운 사람의 얼굴은 깊게 팬 주름마저도 순결한 번뇌의 흔적으로 느껴지고, 행위가 너저분한 사람의 얼굴은 매끈한 피부조차도 뺀질거리는 것으로 느껴지지 않던가. 아름다운 행위는 그것을 하는 사람의 얼굴에 뭔가 범접할 수 없는 아우라를 부여한다.

오드리 헵번의 이미지가 순결한 천사이고 (적어도 내게) 찰턴 헤스턴의 이미지가 타락한 악마에 가깝다면, 앤절리나 졸리의 매력은 이 두 극단의 묘한 결합에서 나오는 듯하다. 내 머릿속의 앤절리나 졸리는 헵번과는 다른 의미의 천사, 즉 악마 같은 천사다. 그의 전기 중에서 나의 흥미를 끈 부분은 어린 시절 종종 자기 신체에 칼을 대어 자해를 했다는 대목이었다. 신체를 파괴하라는 것은 악마의 충동이다. 그녀는 그 충동에 몸을 맡기는 대신 자기혐오와 자기경멸의 늪에서 빠져나와 자신의 긍정에 이르는 치유의 제의祭儀로 승화시켰다.

엽기적 사생활, 모범적 대외 활동

헵번이 이슬만 먹고 사는 순결한 여인의 이미지라면, 졸리는 메건 폭스Megan Fox와 더불어 대표적인 섹스 심벌이다. 〈베어울프〉의 관객 중에는 비록 컴퓨터그래픽으로나마 졸리의 벗은 몸을 보겠다는 일념으로 극장을 찾은 이가 많았다. 언동도 파격적이다. 섹스 파트너 둘을 동시에 사귀고 있다고 공공연히 밝히는가 하면, 아무렇지도 않게 자신이 남자만이 아니라 여자와도 잠을 자는 양성애자임을 공개적으로 드러낸다. 졸리는 이른바 '도덕'이라는 것을 우습게 여긴다. 미국의 극성스러운 청교도 보수주의자들의 눈에는 아마도 이런 졸리가 악녀로 보일 것이다.

 마약을 복용하거나, 이혼을 두 번 하거나, 이름에서 아버지의 성을 떼어버리거나, 파트너의 피를 담은 목걸이를 걸고 다니는 엽기적 취향 역시 '모범적인' 생활과는 거리가 멀다. 하지만 바로 그 악덕(?)

이야말로 졸리를 더 매력적으로 보이게 해준다. 만약 졸리가 모범적인 배우로 모범적인 사생활을 하면서 난민 구호라는 모범적인 활동만 했다면, 아마 그녀가 가진 매력은 반감됐을 것이다. 졸리의 존재미학은 도덕을 우습게보는 개별자의 절대적 자유를 가지고 더 높은 사회적 윤리에 자발적으로 복종하는 데 그 요체가 있다.

졸리와 더불어 섹스 심벌로 통하는 메건 폭스는 졸리에게 공개적으로 구애를 하는 가운데 "졸리는 모두에게 호감을 사기 위해 자신을 포장하지 않으며 자신이 생각하는 것을 정확하게 말하는 아주 솔직한 스타일"이라고 말했다. 사람들 대부분은 사회의 비난이 두려워서 하고 싶은 일을 포기하거나, 사회의 호감을 사려고 하고 싶지 않은 일을 억지로 하기도 한다. 하지만 사회의 눈에 악덕으로 보이는 것이든, 사회가 흔히 미덕이라 부르는 것이든, 졸리의 행동은 남의 시선이나 평가를 의식하지 않는 존재의 자연스러운 표현이다. **졸리는 형해화한 기존 도덕을 따르는 게 아니라, 자신의 도덕을 자기 스스로 만들어나간다.** 바로 여기서 묘한 결합으로 이루어진 졸리 특유의 도덕이 탄생한다. 이를테면 졸리는 이혼을 두 번 할 정도로 인습에서 자유로우나, 그렇다고 가족의 가치를 우습게보지 않는다. 그녀는 세 아이를 입양하고, 스스로 세 아이를 낳을 정도로 가정적인 사람이다(사진을 보니 자녀의 구성도 다양하다. 아프리카계, 아시아계, 코카서스계. 인종과 국가의 경계를 넘어선다). 덕분에 여전사와 팜므파탈은 동시에 모성의 상징, 모유 수유를 강조하는 동상의 모델이 되기도 했다.

리무진 좌파의 워싱턴행?

그녀는 세계 곳곳을 돌아다니며 난민 구호 활동을 벌이면서 해마다 구호단체에 거액을 기부하고 있다. 난민 구호를 위해 부부 이름으로 된 재단을 만들기도 했다. 그러면서도 둘은 전형적인 할리우드 배우로서 호화로운 생활을 즐긴다. 이 두 극단을 오가는 삶이 '허위의식'이라는 비난을 받을 수도 있으나, 졸리는 그런 비난에 별로 개의치 않는다. 모든 것을 혼자 소유하는 속된 탐욕의 쾌락주의도 아니고, 모든 것을 헌납하고 빈자의 삶을 살아가는 답답한 금욕주의도 아니다. 그녀는 이런 상투성의 경계에서 스틱을 당겨 가볍게 하늘로 날아오른다.

졸리는 2006년 《피플》이 선정한 '가장 아름다운 여인'에 1위로 뽑혔고, 2009년 《포브스》가 선정한 '가장 영향력 있는 인물 1위'로 뽑혔다. 아마도 세계인이 가장 부러워하는 사람이라는 항목이 있다면, 거기서도 1위를 했을 것이다. 어느 보도에 따르면, 최근 그녀는 할리우드보다 워싱턴에 가고 싶다는 희망을 피력했다고 한다. 이것이 사실이라면, 이제까지 당신이 한 사회 활동이 워싱턴에 가기 위한 행보였느냐는 비난이 나올 것이다. 하지만 졸리는 그런 비난에 아마도 신경 쓰지 않을 것이다. 졸리와 같은 성격은 대중의 오해를 허용하기 때문이다.

권력욕의 늪에서 허우적대는 것이나, 그것이 싫어 아예 정치를 피하는 것으로 순결을 지키려는 것이나, 모두 '노예의 도덕'일 뿐이다. 졸리의 욕망은 그런 것과는 많이 다르다. 난민 구호 활동을 벌이는 세계 여러 곳에서 미국이 비난을 받는 것을 보고, 그녀는 '부시

만은 안 된다'라는 생각을 굳힌다. 듣자 하니 오바마 대통령의 열렬한 팬이라고도 한다. 유럽과 다른 보수적인 미국의 맥락에서 그녀는 나름대로 좌파인 셈이다. 10년 뒤, 혹은 20년 뒤에 이 리무진 좌파가 대선 후보로 나서는 것을 보게 될까? ✚

11 + 프라다
악마도 매혹시킨 스타일

보통 여자들을 위한 명품?

괜히 악마가 프라다를?

'명품'의 일반론을 비켜난 일하는 여성을 위한 미니멀리즘
현대 워킹우먼들도 이제 '개털 될' 차례

✚ 진중권

명품을 대하는 먹물의 전형적 태도는 그것을 이른바 신분의 상징status symbol으로 읽는 것이다. 100여 년 전에 소스타인 베블런Thorstein Bunde Veblen은 《유한계급론》에서 미국 상류 계층의 소비 행태에서 기존의 경제학으로는 설명할 수 없는 특성을 발견한다. 즉, 값이 쌀수록 많이 사는 일반인과 달리 상류층은 외려 값이 비쌀수록 많이 산다는 것이다. 그것은 물론 상품을 사용가치로 소비하는 게 아니라, 신분 과시를 위한 일종의 기호로 소비하기 때문이리라. 이른바 '명품'은 유한계급이 자신을 하류층과 구별하는 기호적 행위의 매체다. 하지만 프라다는 이런 일반론으로는 설명이 안 된다. 아니, 프라다의 인기는 그 일반론을 슬쩍 비켜난 데서 나오는지도 모른다.

패션과 좌파 페미니즘

가죽 제품을 만들던 프라다가 일약 세계적 브랜드로 떠오른 것은 창업자의 손녀인 미우치아 프라다Miuccia Prada의 덕이었다. 그는 원래

패션과 별 관련이 없었고, 밀라노 대학에서 정치학을 공부해 박사 학위를 취득한 좌파 페미니스트였다. 디자이너로서 그의 이름을 알린 히트작은 1985년에 포코노pocono로 만든 토트백. 포코노는 조직이 아주 가늘어 질기면서도 실크처럼 섬세하다고 한다. 명품이라고 하면 가죽이나 실크와 같은 고급스러운 천연 소재를 사용하는 것이 일반적이나, 미우치아는 명품 제작에 군대의 텐트나 낙하산에나 쓰이는 나일론을 사용했다. 오늘날 블랙 나일론은 프라다의 대명사처럼 여겨지나, 당시로서 이는 충격적인 발상이었다.

    당시에 유행하던 미니멀리즘의 디자인을 택한 것도 적절한 선택이었다. 가방의 디자인이 복잡할수록 다른 요소들과 어울리기가 어려운 법. 하지만 간략한 미니멀리즘의 디자인은 어느 옷에나 쉽게 어울린다. 이 미니멀리즘 디자인이 블랙 나일론이라는 소재와 더불어 프라다 특유의 '실용성'을 만들어냈다. "아이를 기르며 직장에 다니는 여자라면 거울을 들여다볼 시간이 없을 것이다. 아침에 일어나 오늘 섹시해야지 생각하는 여자도 거의 없다. 숱한 디자이너들이 여성의 섹시함을 강조하지만, 실제 상황은 다르다." 일반적으로

'명품'이라 하면 유한계급의 것이지만, 미우치아는 이렇게 일하는 여성의 미학feminin worker aesthetic을 구현했다.

반反신분anti-status 전략

'일하는 여성의 미학'은 아마도 패션 디자인과 좌파 페미니즘의 자연스러운 결합에서 나온 것이리라. 튀지 않고 평범하나 어딘가 고급스럽고 세련되게 느껴지는 옷. 소수의 특별한 여성이 아닌 다수의 보통 여자들을 위한 옷. 한가롭게 섹시함이나 뽐내며 빈둥거리는 여자들이 아니라, 사회적으로 인정받는 직업을 가지고 꽤 안정된 생활을 하는 커리어우먼들을 위한 옷. 이 디자인의 원칙이 자연스러운 일상의 체험에서 우러나온 것이라 할 때, 그 '일하는 여성'이란 물론 그 누구에 앞서 우선 미우치아 자신을 가리킬 것이다. 실제로 그는 자신이 디자인 한 옷을 '근무복uniform'이라 불렀다고 한다.

"물론 아주 비싼 가격에 그저 10명, 100명만 누리는 제품을 만들 수도 있겠죠. 하지만 전 달라요. 명품이면서도 다양한 사람과 다양한 국가에서 향유되기를 희망합니다. 다양한 사람들과 다양한 국가에서 접근 가능한 제품을 만들고 싶어요. 저희는 아름답고 품질이 탁월한 제품을 만들어 너무 비싼 가격이 아닌, 적절한 가격에 제공한다는 원칙을 갖고 있습니다. ……초고가 제품이라는 이미지를 통해 비싼 가격으로 매출액을 올린다든지, 또 그런 초고가 제품을 어느 정도 판매한 뒤에는 중저가 제품을 내놓아 매출을 높인다든지 하는 식으로 가격 정책을 펴는 것은 옳지 않다고 봅니다."

 국내 어느 신문과 한 인터뷰에서 미우치아는 이렇게 말했다. 사실 고전적 명품의 관념을 가진 사람에게는 '다수를 위한 명품'이란 말 자체가 아마 형용모순으로 여겨질 것이다. 하지만 미우치아는 자신의 별명을 딴 기성복pret a porter 미우미우MiuMiu를 통해 이 대중화 전략을 아직 경제적으로 안정되지 못한 10대와 20대로까지 확대했다. 미우치아에게 남아 있는 좌파 페미니즘의 흔적은 명품 소비를 이렇게 소수의 유한계급이 아닌 다수의 노동계급(?)으로 확장시켰다.

강림하신 지름신

하지만 아무리 대중화해봤자, 명품은 여전히 명품, 누구나 살 수 있는 물건은 아니다. 부유한 집안에서 태어난 미우치아는 젊은 시절 명품 옷을 걸치고 정치적 시위에 나갔다가 주위의 눈총을 사곤 했단다. 이 일화 속의 상황을 연상시키는 삐딱한 시선도 있다. 이 글을 쓰기 위해 진보신당 게시판에 들어가 당원들에게 프라다에 관한 견해를 묻자, 역시 좌파 페미니스트인 '오필리어'라는 필명의 여성 동지가 '프라다의 추억?'이란 제목의 글을 답글로 남겼다. 필이 팍 와서 꽂히는 명문이라 필자의 허락을 받아 그대로 옮긴다.

프라다 얘기 나오니까 프라다 비닐백 보고 '으악' 하고 충격 받았던 기억이 난다. 온통 투명한 비닐백과 그 안에 든 노트, mp3, 콘돔까지 환히 들여다보이던 비닐백 광고 사진. 문제는 그 별것도 아닌 비닐백이 무지 비쌌다는 것이다. 에르메스 백에는 다이아몬드나 박혀 있지, 프라다는 비닐이었단 말이다. 비닐, 그야말로 순수하게 디자인 그 자체에만 엄청난 돈을 지불하는 시대가 온 것이다. (…)
  프라다의 등장으로, 현대 워킹 우먼들도 이제 '개털 될' 차례가 된 것이다. 프라다의 대박 뒤에는 중산층 여성들의 수없이 털린 지갑들이 즐비한 것이다. 사실 말이 프라다지, 그 월급 갖고 지를 여유가 되는 사람이 얼마나 있겠나. 다들 버는 사정 거기서 거긴데. 통장이고 카드고 막 털리는 소리가 여기까지 들린다. 괜히 악마가 프라다를 입는 게 아니다. 아, 지름신 오신다. 젠장.

악마도 굴복시킨 것이 프라다. 좌파 페미니스트라고 어디 악마보다 강력한 프라다 지름신의 유혹에서 자유롭겠는가.

브랜드스케이핑

'프라다'라고 하면 빼놓을 수 없는 것이 이른바 '브랜드스케이핑

Brandscaping'의 전략. 건축가 렘 콜하스Rem Koolhaas는 자신이 디자인한 뉴욕의 프라다 스토어의 천장에 유리 새장들을 설치해 놓았다. 그 새장들 안에는 물론 프라다의 패션 의류들이 들어 있다. 레프 마노비치는 이를 가리켜 "특정한 브랜드가 새로운 소비의 종교로서 획득하게 된 기능"이라 부른다. 실제로 렘 콜하스의 브랜드스케이핑은 지극히 세속적인 자본주의적 매장을 성聖유물을 보관하던 중세의 성당과 비슷한 곳으로 바꾸어 놓았다. 중세의 신도들이 성당에서 천국을 미리 맛보았듯이, 현대의 신도들은 프라다 매장을 지상의 파라다이스로 느낀다.

대중은 "쓰임새 때문에 특정 상품을 구입하는 것이 아니라, 그 제품의 광고에서 표현되는 특정한 이미지와 내러티브를 흉내 내기 위해 그것을 구입한다." 렘 콜하스는 자신이 디자인 한 프라다 스토어에서 진열된 상품들 사이에 스크린들을 설치해놓았다. 스크린 위에 펼쳐지는 영상은 소비자가 그 상품들을 입거나 들고 연출할 수 있는 환타지의 세계를 보여준다. 여기서 "스크린상의 이미지는 실제 사물이라기도 한 양 어떤 물질성을 획득한다." 대중은 실물을 사는 게 아니라. 외려 가상으로 펼쳐지는 그 판타지를 사는 것이다.

컴퓨터가 모바일이 된 오늘날, 대중은 현실의 언제 어디서라도 인터넷에 접속해 가상을 불러올 수 있게 되었다. 이렇게 현실의 층위에 가상의 층위를 겹쳐놓는 것, 혹은 사물의 층위에 정보의 층위를 겹쳐놓는 것을 흔히 증강현실이라 부른다. 프라다는 오늘날 증강현실이 아예 상품이 존재하는 방식이 되었음을 보여 준다. ✚

우리 뇌에는
'장인 정신이 빚어낸 명품의 가치'를 탐색하는 영역이 존재한다.

장인 정신을 버리고 스타일을 팔다

'문화와 스타일'을 더하고 나서 단위면적당 가장 비싼 가격에
비닐과 나일론을 상품화하는 얄밉도록 샘나는 전략

+ 정재승

21세기 들어 두드러진 문화 현상 중 하나는 명품 신드롬. 구찌 가방 하나쯤은 있어야 하고, 짝퉁이라도 아르마니 자켓 하나쯤은 입어야 체면이 선다고 믿는 중세가 우리 사회를 뒤덮은 지 몇 년째다.

명품을 즐기는 사람들을 무조건 '속물'이나 '된장남녀'라고 폄하할 필요는 없다. '명불허전'이라고 했던가? 명예는 헛되이 전해지는 법이 없다. 명품이 명품이라고 불리는 데는 나름의 이유가 있기 마련이다. 스트라디바리우스는 흉내 낼 수 없는 바이올린 소리를 만들고, 페라리는 스포츠카 운전이 주는 최고의 즐거움을 선사한다.

에르메스나 구찌처럼 명품 명가들이 만들어내는 가방을 보라. 바늘 한 땀, 실밥 한 올, 염색 하나도, 짝퉁과는 차원을 달리하지 않는가! 오랜 장인 정신이 빚어낸 작은 차이가 명품을 만드는 법이다. 짐작건대, 사람들이 명품을 선호하는 이유는 함부로 사용해도 성능에 변함이 없고, 아무리 후줄근하게 입어도 품위를 잃지 않으며, 10년을 걸쳐도 변함없는 자기만족을 준다는 데 있다.

뇌가 명품을 알아보다

미국국립보건원의 뉴로마케팅 연구 팀에 따르면, 우리 뇌에는 '장인 정신이 빚어낸 명품의 가치'를 탐색하는 뇌 영역이 존재한다. 연구 팀은 일반인 20명을 제각각 기능성 자기공명영상장치fMRI 안에 들어가게 한 후, 포르셰·벤츠·BMW 등 고급 세단으로 알려진 자동차 회사 로고와 뷰익이나 마쓰다처럼 싸고 실용적인 세단으로 알려진 자동차 회사 로고를 보여주면서 가장 큰 차이를 보이는 뇌 영역이 어디인지 측정했다. 그 결과, '배측 전전두엽dorsolateral prefrontal cortex' 으로 불리는, 이마 바로 뒤 뇌 영역이 고급 세단의 로고를 볼 때 특별한 정보처리 과정을 보이더라는 것이다. 우리보다 오랜 자본주의 역사를 가진 서양인들에게, 기업 로고는 '제품에 대한 신뢰'와 '오랜 장인 정신에 대한 경외감' 같은 것을 연상시키는 모양이다.

그러나 모든 명품이 기대만큼 '제품의 질'을 보장하고, 그만큼의 가치를 가격으로 매기는 것은 아니다. 브랜드가 때론 '턱없는 가격' 을 상징함으로써 중산층의 얄팍한 계층 의식을 자극하거나, 독특한 디자인과 개성적인 스타일, 튀는 마케팅 등으로 '명품의 반열'에 끼어든 경우도 종종 있다. 순전히 개인적인 생각이지만, 그 대표적 예가 바로 프라다다.

20세기 초 이탈리아에서 마리오 프라다가 가죽 가방과 구두를 제조하는 회사를 처음 열었을 때만 해도 세계적인 명품 브랜드는 아니었다(1919년에 이탈리아 왕실 공식 지정업체가 됐다고는 하지만). 프라다에게 지금과 같은 세계적 명성을 안겨준 것은 마리오의 손녀딸 미우치아 프라다가 낙하산용 방수천을 얇고 부드럽게 방직해 가

죽보다 싸고 실용적인 소재로 가방을 만들면서부터다. 이것이 바로 그 유명한 '프라다 천'인데, 이것으로 만든 검은색 토트백은 1990년대 전 세계적으로 엄청난 인기를 끌었다.

프라다는 20~30대 일하는 젊은 여성들도 (어렵게나마) 구입할 수 있는 가격으로 토트백을 내놓았고, 명품의 저변을 확대하는 데 크게 기여했다. 아무도 흉내 낼 수 없는 빈센트 반 고흐Vincent van Gogh의 그림만이 아니라 수많은 모조품이 가능한 앤디 워홀Andy Warhol의 실크스크린 작품도 고가의 걸작이 될 수 있듯이, 장인 정신이 아닌 기발한 아이디어와 스타일만으로도 비닐 가방이 명품이 될 수 있음을 보여주었다(참고로, 프라다의 모토는 "우리는 제품을 파는 것이 아니라 아이디어를 판다!"라고 한다).

순진한 과학자의 관점에서 보자면, 프라다는 지난 세기 가장 위대한 발명품 중 하나인 듀폰Du Pont의 나일론과 비닐을 단위면적당 가장 비싸게 판 '세기의 사기꾼'들이다! (이건 '질투 어린 표현'임을 프라다 팬들은 알아주시길!) 비닐과 나일론으로 만들었기에 복제가 쉬워서, 프라다는 명품들 중에서도 상대적으로 짝퉁이 많이 만들어졌다. 그러나 짝퉁의 범람은 진본의 권위를 더욱 높여주는 법! 한국과 일본 사회에서 고가의 가방과 구두를 젊은 여성들에게 대중화시키는 데 크게 기여하며 남편들의 주머니를 가볍게 만들었다.

명품이 펼치는 '튀는 마케팅'

단순하면서도 지적이고, 대담하면서도 아름다운 가방과 구두들. 여기에 덧붙여 프라다는 마케팅도 얄밉도록 잘한다. 그들의 마케팅 중 눈여겨볼 만한 대목은 현대예술과 자사 제품을 병치시킴으로써 고급 이미지를 강화하고 '문화의 선두주자'라는 인식을 심어주었다는 것이다. 미우치아 프라다는 전위적이면서도 도발적인 현대미술과 영화에 각별한 관심을 보이며, 제프 쿤스Jeff Koons, 데미안 허스트Damien Hirst, 애니시 카푸어Anish Kapoor 등 세계적인 작가들을 지원하고, 트라이베카 영화제 등 독립예술영화 진영을 지원하는 일도 꾸준히 해왔다. 또 밀라노 남부의 라르고 이사르코Largo Isarco에 대형 창고 부지를 매입해 2013년을 목표로 미술관, 영화관, 아트숍, 카페 등으로 가득 찬 문화예술 복합공간을 만들어 '밀라노의 새로운 명물'을 창조하고 있다.

게다가 프라다는 자신의 이름에 '혁신'이라는 이미지를 더하려고 무진 애를 쓰고 있다는 점이다. 최근 서울 경희궁에 100억 원을 쏟아 부어 세계적인 건축가 렘 쿨하스와 함께 트랜스포머(이 건물은 육각형, 원형, 십자형, 사각형을 각면으로 결합한 사면체 구조물이라서, 보는 위치에 따라 다른 기하학적 형상을 보여준다)라는 건물을 지어 아트 프로젝트를 시도함으로써, '튀는 마케팅'이 무엇인지 확실히 보여주었다. 그 안에 **패션·미술·영화 등이 프라다 제품과 맞물리면서, 서울 시민들에게 새로운 미적 경험을 선사하는 방식으로 '프라다'라는 이름과 함께 '혁신과 창조'라는 이미지를 아로새긴 것이다**(이런 미적 경험을 서울 시민에게 선사해준 것은 고마운 일이지만, 그동안 우리나라 사람들이 팔아준 프라다 가방과 구두를 생각하면 우리는 이미 대가를 치른 것일지도 모른다).

그들이 '트랜스포머 프로젝트'를 경희궁에 세우길 고집했다는

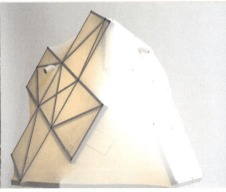

얘기를 듣고 더욱 얄밉다는 생각이 들었다. 혁신을 추구하면서도 고전의 우아함을 함께하려는 그들의 세련됨에 탄복했기 때문이다(가장 첨단의 구조물이기에 가장 고풍스러운 전통 공간 안에 놓여야 한다는 그들의 미적 안목을 왜 우리는 한국에선 어디서도 찾아볼 수 없는 걸까?). 시민단체들은 우리 문화유산이 외국 명품 업체에 상업적으로 이용되는 것에 반대했고, 프라다는 늘 그렇듯 '행사 후 모든 것을 완벽히 복원'해놓겠다고 약속함으로써 이 프로젝트가 가능하도록 만드는 명민함마저 보였다. 이렇듯 프라다는 개성적인 아이디어와 디자인, 전통과 혁신을 잇는 세련된 스타일을 통해 명품의 반열에 오른 것이다.

 기업과 제품 브랜드 이미지를 평가하는 미국의 한 연구자에 따르면, 최근 미국인들은 자유롭고 혁신적이며 새로운 시도를 마다하지 않는 개척자 정신을 연상시키는 기업을 볼 때 배측 전전두엽의 활동이 크게 증가하며, 이때 그 기업과 제품에 대한 선호도도 최고조에 달한다고 한다. 젊은이들이 매출액 1위 기업인 마이크로소프트나 야후보다 구글이나 애플을 더 선호하는 것도 '자유롭고 창조적인 기업 이미지' 때문이리라. 그러니 신경과학적인 관점에서 전망하자면, 앞으로 프라다 역시 더욱 두터운 팬층을 확보할 것이라고 조심스레 예측해볼 수 있다.

기업의 문화를 팔다

최근 LG는 프라다와 손잡고 '프라다' 분위기를 풍기는 디자인과 문양, 그리고 프라다 패션쇼에 쓰이는 여섯 가지 벨소리를 저장한 세계 최초의 풀터치 휴대전화 '프라다폰'을 만들어 100만 대 이상 팔았고 180만 원이나 되는 '프라다폰 2'도 큰 인기를 끌고 있다. 고가임에도 광고는커녕 판매처도 제대로 알려주지 않는 이른바 '명품 마케팅' 전략이란 것을 펼치고 있는데, 덕분에 호기심 많은 명품족의 '측중격핵(Nucleus Accumbens : 욕망을 표상하는 뇌 영역)'은 프라다폰을 볼 때마다 어쩔 줄 몰라 한다.

    우리 기업들이 프라다에게 배울 것은, 21세기는 브랜드를 넘어 명성Reputation을 얻으려고 노력해야 한다는 사실이다. 제품의 성능과 질, 가격, 디자인은 브랜드 이미지를 결정하지만, 제품과 함께 파는 '문화'는 기업의 명성을 높인다. 21세기 명품은 브랜드를 잘 만들고 마케팅을 어떻게 하느냐를 넘어 '제품과 함께 기업이 어떤 문화와 스타일을 파는가'로 결정된다. 프라다는 일찌감치 장인 정신은 버렸지만, 혁신적이고 세련된 문화를 가방 속에 끼워 팔았기에 '21세기 명품의 대명사'가 됐다. ✛

12 ✚ 생수
마시는 물에도 산 것과 죽은 것을 구별하는 이유

도대체 왜 우리는 생수를 마시는 걸까?

21세기 봉이 김선달들

**20세기 가계부에 추가된 어색한 단어,
몸에 좋지도 깨끗하지도 않지만 '패션 액세서리'로**

+ 정재승

21세기 대한민국에 살고 있는 사람들은 20세기 가계부 지출 항목에 '생수'라는 어색한 단어를 추가했다. 봉이 김선달처럼 '지천에 널린 물'을 용기에 담아 공식 판매하기 시작한 것은 1988년 서울올림픽 무렵. 당시 외국 선수들을 위해 생수 판매를 일시적으로 허용했다가 올림픽이 끝난 직후에 근거 법률을 바로 폐지해버렸다고 한다. 졸지에 범법자가 된 생수 생산업자들은 생수 판매를 계속 허용해달라며 헌법소원을 제출했고, 결국 헌법재판소는 생수 판매 금지 조치는 깨끗한 물을 마실 권리(행복추구권)를 침해한다며 생수업자들의 손을 들어주었다. 정부는 1995년 '먹는 물 관리법'을 제정해 생수 시판을 공식적으로 허용했다.

예수의 기적 같은 에비앙의 탄생

생수의 공식 명칭은 '먹는 샘물'이다. 그러나 빙하를 녹이고 200미터 심층 바다에서 지하수를 뽑아내 "이것이 살아 있는 물生水이다!"

라고 주장하는 순간, 수돗물과 보리차는 졸지에 '죽은 물死水'이 되어버렸다.

인간이 하루에 먹는 물 소비량은 약 2리터, 1년이면 730리터, 70년이면 5만 1100리터. 평생 먹을 물을 프랑스 고급 생수 '에비앙Evian'으로 채우려면 7700만 원, '제주 삼다수'로 채우려면 2100만 원 정도가 든다. 그러나 수돗물로 채운다면 단돈 1만 6380원. '삶의 질'을 중히 여기는 21세기 현대인들은 제 몸의 70퍼센트를 차지하는 물의 수질 관리를 위해 수천만 원을 쓰고 있다는 얘기다.

21세기에 갓 접어들 무렵, '물을 사 먹는 데 돈 내는 것을 꺼리는 사람들'을 위해 생수 회사들이 내놓은 마케팅 전략은 '약장수 수법'이었다. "이 물 한번 먹어봐! 10년 앓던 병도 단숨에 떨어져!"라는 약장수 멘트를 근사한 스토리텔링으로 바꾸고, 약 냄새 팍팍 나는 그럴듯한 이름을 생수에 걸어 사람들을 현혹했다.

그 대표적 예가 바로 에비앙. 에비앙을 판매하는 다논(Danone : 떠먹는 요구르트로 유명한 유제품 회사)에 따르면, 에비앙의 역사는 '예수의 기적'을 연상시킨다. 프랑스 혁명이 일어난 1789년, 눈 덮인

알프스 산맥의 산자락에 위치한 마을 에비앙에 신장결석을 앓던 한 후작이 요양을 하러 왔다. 어느 날 마을 주민으로부터 약효가 있는 우물물이 있다는 귀띔을 받고 그 물을 구해 마신 후 신기하게도 병이 깨끗이 나았다.

그 후 그는 이 우물물의 정체를 탐구한 결과, 알프스의 눈과 비가 15년에 걸쳐 녹고 어는 과정을 통해 정화되어 아주 깨끗하면서도 미네랄이 풍부한 물이라는 사실을 알게 됐다. 이 우물을 소유하고 있던 마을 주민이 이 말을 전해 듣고 우물물을 팔기로 결심하여 1878년 처음으로 프랑스 정부로부터 공식 승인을 받아 상업화한 물이 에비앙이다. 그러나 속지 마시라. 원래 신장결석은 아무 물이나 많이 먹으면 돌이 빠져나가 낫는 병이니 '에비앙의 효과'라고 믿지 마시라(어떤 이는 맥주를 진탕 마시기도 한다).

어디 그뿐이랴. '이온수'니 '약수'니 '육각수'니, 약효 냄새가 나는 온갖 이름을 샘물에 붙여 팔았으니 이건 물이 아니라 만병통치약이다. 그러나 안타깝게도 미네랄과 게르마늄이 함유된 물이 인체에 좋다는 과학적 근거는 아직 없다. 그래서 이제는 의약품으로 혼동할 우려가 있는 명칭은 쓸 수 없다고 생수의 이름을 법으로 제한해 놓은 상태다.

심지어 얼마 전에는 생수 회사의 심장을 서늘하게 만드는 연구 결과도 나왔다. 독일의 한 연구 팀은 '광천수 mineral water'를 담은 플라스틱 병이 남성 호르몬을 교란시킨다는 연구 결과를 발표한 것이다. 프랑크푸르트 괴테 대학의 수상생태계 환경오염학과 연구 팀에 따르면, 플라스틱 병과 유리병에 담긴 광천수의 수질을 비교 분석한 결과 플라스틱 병에서 여성 호르몬인 에스트로겐이 60퍼센트나 높게 검출됐다고 한다. 연구 팀은 이것이 남성 호르몬을 교란할 위험이 있다고 보고한 것이다.

살아 있는 세균이 많아 생수?

그렇다면 사람들은 왜 비싼 돈을 주고 생수를 사 먹는 걸까? 21세기에 왜 이런 문화가 생긴 걸까?

'수돗물이나 보리차보다 더 맛이 있어서'라고 생각하는 분도 많이 계실 것 같다. 실제로 '제주 삼다수'나 '볼빅Volvic'은 굉장히 맛있다. 볕이 좋은 수영장에서 선베드에 누워 볼빅을 마시며 폴 오스터의 소설을 읽는 것만큼 여유로운 휴가도 없다.

그러나 생수의 인기를 맛으로만 설명하긴 힘들다. 전 세계적으로 '맛있는 생수 찾기'란 '해운대에서 잃어버린 머리핀을 찾는 것'만큼 어려운 일이기 때문이다. 전 세계는 지금 '맛없는 생수' 천지다. 프랑스 생수 에비앙을 보라. 전 세계적으로 가장 많이 팔리는 생수라지만, 에비앙처럼 맛없고 밍밍한 물이 또 어디 있을까? 언젠가 저녁 식사 자리에서 프랑스 친구에게 "프랑스 사람들은 에비앙이 맛있니?"라고 물어봤더니 그가 혀를 길게 늘어뜨리며 "It sucks!(맛없지!)"라고 대답했다(1990년대 섹스 심벌 킴 베이싱어Kim Basinger는 에비앙으로 머리를 감는 것으로 유명한데, 그 이유가 혹시 맛이 없어서가 아닐까?).

"생수가 일반 물보다 더 깨끗하니까"라고 믿고 마시는 분들도 많다. 그러나 그것은 사실과 다르다. 얼마 전 한 국회의원이 국회에 제

출한 자료에 따르면, 생수 업체에 대한 환경부의 특별점검 결과 '수질 관리 부실'로 2년 연속 지적받은 업체가 생수 업체의 절반인 11개 업체에 달하는 것으로 나타났다. 2년 동안의 특별점검 결과를 보면, 원수原水의 경우 일반 세균이 많게는 100CFU/㎖ 이상 기준을 초과하거나 총대장균군이 검출되는가 하면 심지어 판매되는 제품에도 총대장균군이 검출된 것으로 나타났다. 최근 NGO 단체인 수돗물시민회의는 자체 조사 결과 "수돗물, 생수 등 28가지 종류의 물을 검사 의뢰한 결과 수돗물에서는 미생물이 나오지 않았고 생수에서는 일반 세균 등 미생물이 나왔다"고 밝혔다. '살아 있는 세균이 많아서' 생수인가 보다.

'생수를 먹으면 좋은 일도 하게 되니까'라고 애써 위안하는 분들도 있다. 요즘 생수 회사들은 사치스러운 이미지를 벗고 환경 파괴의 비난으로부터 벗어나고자 다양한 캠페인을 벌이고 있다. 예를 들어, 볼빅의 경우 '1L-for-10L' 캠페인이란 것을 한다. 영국에서 시작된 이 캠페인은 영국에서 볼빅의 생수 1리터가 판매될 때마다 아프리카에 10리터를 보내주는 자선 사업을 하고 있다(볼빅 생수병에는 물론 홈페이지에서도 대대적인 광고를 하고 있다). 에비앙에서도 물 부족 국가에 물을 보내거나 지구 온난화를 막는 캠페인을 벌여 '빙하를 녹여 판다'는 이미지를 벗으려고 노력하고 있다.

그럼에도 생수 한 병을 마시는 것은 자동차 1킬로미터를 운전하는 것과 동일한 정도로 환경에 영향을 주며, 생수 1리터를 만드는 것이 같은 양의 수돗물을 생산할 때보다 600배에 달하는 이산화탄소를 배출한다. 환경단체들이 2조 원이 넘는 생수산업에 반기를 드는 이유도 이 때문이다.

그렇다면 도대체 왜 우리는 생수를 마시는 걸까? 아마도 21세기 '생수'는 이제 '패션 아이콘'이 아닐까 싶다. 뉴욕에서 나온 '탭드 뉴욕TAP'D NY', 비타민이 함유된 '글라소 비타민 워터Glaceau Vitamin water', 영국의 '티낭Ty Nant'의 세련된 디자인을 보라. 어쩜 그렇게 마시고 싶게 만들어놓을 수 있을까?

'탭드 뉴욕'의 물은 뉴욕의 수도꼭지에서 받은 맹물을 역삼투압 방식으로 정수하는 생산과정을 거친 최첨단 과학기술 물이다! 세련된 디자인의 물병 안에 이 물을 담았으니 잘 팔릴 수밖에. 또 글라소 비타민 워터는 어떤가? defense, focus, balance, endurance, essential, energy, rescue, charge 등 총 15가지 맛에 비타민과 칼슘, 글루코사민, 칼륨, 마그네슘, 아연 등을 첨가한 건강 음료로 10년째 인기를 끌고 있는 물이다.

21세기 필수 아이템

심지어 개가 마시는 생수도 나왔다. 제주산 생수에 감귤나무 목초액, 자일리톨, 키토산 등을 넣은 애견용 생수 '다나안'은 자일리톨 성분이 애견의 입 냄새를 제거해주고 변 냄새 제거 효과도 있다고 하니, 우리는 진정 '요지경 21세기'에 살고 있다(가격은 1.5리터 한 병에 3000원이다).

생수가 비싼 것은 물 때문이 아니라 그놈의 '병' 때문이다. 4800미터의 알프스 산맥(에비앙), 해저 200미터 이하에 존재하는 청정한 고유수(마린 워터), 캐나다산 빙하수(휘슬러), 프랑스산 탄산수(페리에), 남태평양 피지 지하 암반에서 뽑아낸 암반수(피지워터), 핀란드에서 수입한 자작나무 수액(버치 샙) 등 전 세계 산천에서 귀하디귀한 물들을 한반도까지 공수하려니, 리터당 1만 원이 넘을 수밖에.

그다지 몸에 좋지도 않고, 깨끗하지도 않고, 지구에 유익하지도 않지만, 생수는 이제 휴대전화처럼 '패션 액세서리'가 됐으며, 상류사회에 대한 '대리 체험'이자 '자기 과시 소비'의 아이템으로 '21세기의 필수품'이 되어버렸다. +

죽은 물, 살아 있는 물, 답 없는 물

'수돗물과 다를 바 없다'와 '끓이면 물이 죽는다'는 견해 사이에서
'생수 패션' 등 보드리야르적 관점까지 등장하다

✚ 진중권

"생수 한 병에 1억 2000만 달러." 어느 포털 사이트의 대문에 이런 제목의 기사가 걸렸다. 중동의 갑부들이 마시기에도 너무 비싼 가격이다. 피라미드의 한구석에서 수천 년 전 파라오가 마셨던 생수병이 발견된 걸까? 아니면 누가 하늘나라에 가서 거룩한 성 예루살렘에 흐르는 생명수를 퍼 담아오기라도 한 걸까? 알고 보니 짐바브웨의 일이란다. 로버트 무가베 Robert Gabriel Mugabe라는 대통령이 돈을 마구 찍어대는 바람에 하이퍼인플레이션이 일어나, 생수 한 병의 가격이 졸지에 1억 2000만 달러가 됐다는 것. 거기는 여전히 1930년대 바이마르공화국인가 보다.

우물·펌프·수돗물, 물의 작은 역사

아마 요즘 세대는 '우물'이라는 것을 보지 못했을 것이다. 하지만 내 어린 시절의 기억에는 우물이 존재한다. 도르래에 걸린 줄로 두레박을 내린다. 두레박이 수면에 닿으면, 우물 속 둥근 거울에 비친

내 모습이 깨진다. 수면에 닿은 두레박은 바로 잠기지 않고 잠시 동안은 물 위에 그대로 떠 있다. 그러면 두레박 안으로 물이 들어가도록 줄을 흔들어 두레박을 비스듬히 누인다. 두레박이 잠기는 것은 순식간. 완전히 물에 잠기면, 줄을 잡아당겨 끌어올린다. 손에 닿는 그 축축한 줄의 느낌이 아직도 생생하다.

근대화의 물결 속에서 우물을 대체한 것이 바로 펌프. 집에 펌프를 설치하던 날이 기억난다. 땅속에 파이프를 박아 넣기를 한나절, 처음 올라온 것은 시뻘건 흙탕물이었다. 하지만 계속 뿜어내자 차차 흙탕이 묽어지더니, 드디어 투명하게 맑은 물이 나온다. 펌프질을 할 때 어른들은 팔만 움직이면 된다. 하지만 덩치가 작은 아이가 물을 푸자면 손잡이에 몸 전체를 실어야 한다. 마치 시소를 타는 느낌이다. 말라서 물이 안 나올 때는 물을 한 바가지 붓는다. 그걸 '마중물'이라 부른다는 것을 나중에 알았다. 마중물. 이름이 참 예쁘다.

펌프와 나란히 수돗물도 있었다. 수돗물은 우물물이나 펌프 물만큼 차갑지 않았다. 게다가 소독약 냄새도 섞여 있고, 수도관 사정이 안 좋은 시절이라 그랬는지 물을 받아놓으면 바닥에 뻘건 이물질이 깔리기도 했다. 하지만 한여름 학교 운동장에서 축구를 하다가 달려와 꼭지에 입을 대고 마시던 수돗물의 맛은 아직도 잊을 수가 없다. 거기에는 수도관의 시큼한 금속성 맛이 섞여 있었다. 초등학교 4학년 때던가? 친구들과 차비만 달랑 들고 서울 남산 어린이회관에 간 적이 있다. 너무나 배가 고파 남산공원의 수돗물로 물배를 채운 기억도 난다.

생수라는 것을 처음 마셔본 것은 독일 유학을 가는 비행기 안에서였다. 물을 달라고 했더니, 루프트한자의 승무원이 둥근 플라스틱 용기에 담긴 물을 갖다 주었다. 마셔보니 설탕 빠진 사이다. 탄산가스 때문에 너무 써서 도대체 마실 수가 없었다. 그런데 정작 독일에 도착하니, 가는 집마다 다들 그런 물을 사 마시고 있었다. 얼떨결에 따라 마시다 보니 나도 거기에 익숙해져서 나중에는 탄산이 섞이지 않은 물은 싱거워서 마실 수가 없게 됐다. 지금도 탄산수가 그리워지면, 아주 가끔 '페리에'라는 상표의 물을 사 마시곤 한다.

'죽은 물'과 '살아 있는 물'

생수를 처음 맛본 게 1994년, 아직 우리나라에서는 물을 돈 주고 사 마시던 시절은 아니었을 것이다. 굳이 물을 사다 마시는 게 의아해서 물어보니, 독일은 지층 전체가 석회암으로 되어 있어 물에 석회가 너무 많이 섞여서 그런단다. 하긴 그곳에서는 설거지를 하고 나서 꼭 천으로 물기를 제거해야 한다. 그렇지 않으면, 잔이나 접시에 허연 석회가 덕지덕지 붙어 있다. 석회가 위 속으로 들어간다니 어쩐지 찜찜하긴 하다. 심지어 석회 섞인 물을 장복하면 뚱뚱한 러시아 할머니들처럼 코끼리 다리가 된다는 속설도 있었다.

    생수를 흔히 '광천수'라 부른다. 미네랄은 인체에 필수불가결한 요소이기에, 생수는 일반적으로 건강에 좋은 물로 여겨진다. 병에 담아 파는 생수에 수돗물보다 더 많은 광물질이 들어 있는지는 모르겠다. 암반에서 직접 채취한 샘물이니 아마도 수돗물보다는 미네랄 함량이 더 높을 것이라는 게 일반적인 생각이다. 우리나라 수돗물에 석회가 섞여 있는 것도 아닌데 최근 우리 사회에서 생수 소비가

급격히 늘어난 것은 건강에 대한 관심이 늘어났기 때문일 것이다.

생수에 관해서도 많은 담론이 존재한다. 그중 하나는 과학적 성분 분석에 기초해 수돗물이나 생수나 미네랄 함량에는 큰 차이가 없다고 주장하는 것이다. "필수 미네랄까지 제거한 정수기 물보다는 차라리 수돗물을 먹는 편이 낫습니다. 우리나라 수돗물은 품질이 좋은 편이에요. 미네랄 함량도 생수와 견줘 거의 차이가 없습니다. 강한 산화작용을 하는 염소의 농도가 높은 게 문제긴 한데, 수돗물을 끓였다가 식혀서 사용하면 해결돼요. 하루 정도 물을 받아두면 염소 냄새가 날아가기도 하고요."

한방에서는 견해가 좀 달라서 '죽은 물'과 '살아 있는 물'을 구별하는 모양이다. "우리가 자주 먹는 수돗물과 끓인 물은 죽은 물이다. 특히 끓인 물에서는 유익한 미생물이 모두 죽고 산소와 칼슘 같은 무기질의 양도 줄어든다. 이런 죽은 물을 자주 마실수록 우리 몸은 면역력을 잃어 '현대병'이란 이름의 이런저런 난치병에 시달리게 된다. 물고기와 화초가 끓인 물을 공급해주면 오래 살지 못하는 것처럼 사람도 죽은 물을 지속적으로 마시면 면역력을 잃어간다."

물을 도형에 비유하는 담론도 있다. "물은 육각수와 오각수가 혼합되어 있는데 육각수 비율이 높을수록 치밀한 구조입니다. 육각수는 정상적인 생체 분자의 주위에 많이 형성되고 돌연변이를 싫어합니다. 즉, 정상적인 세포는 구조가 치밀한 물을 좋아하고, 비정상적인 세포는 구조가 느슨한 물을 좋아합니다. 구조가 치밀한 육각수가 많은 물은 암을 억제하며, 구조가 느슨하고 자유로운 물에서는 암의 증식이 촉진될 수 있다는 실험 결과가 있습니다." 이것은 기사를 가장한 전기분해 정수기 광고라 얼마나 믿어야 할지 모르겠다.

어느 게 과학이고 어느 게 미신인가

물에 관한 심오한 형이상학도 존재한다. 《물은 답을 알고 있다》라는 책이 한때 베스트셀러가 됐다고 한다. "'사랑', '감사'라는 글을 보여준 물에서는 완전하고 아름다운 육각형 결정이 나타났지만 '멍청한 놈', '바보', '짜증 나', '죽여버릴 거야' 등과 같이 부정적인 말에는 마치 어린애가 학대를 당하는 듯한 형상이 나왔다." 물이 인간의 언어를 이해한다는 대목에서 물은 원시 애니미즘 신앙의 대상이 된다. 하긴 위의 담론 중에서 어느 게 과학이고 어느 게 미신인지 솔직히 나 자신도 구별하기 어렵다.

물을 '실용성'을 기준으로 평가하는 산업화 담론을 뛰어넘어, ==최근에는 물의 사용가치보다 거기에 결부된 브랜드나 디자인 가치로 평가하는 탈산업화 경향도 나타나고 있다.== 이 정도면 가히 생수에 대한 보드리야르적 관점이라 할 수 있다.

"다양한 수입 생수가 잇따라 등장하는 가운데 생수통을 하나의 패션 아이템처럼 들고 다니는 소비자가 늘고 있다. ……외국 드라마나 스타들이 들고 다니는 물을 일부러 찾아 구입하는 소비자도 크게 늘었다. 신세계 백화점에서 가장 잘 팔리는 물은 1200원짜리 피지워터(330밀리리터). 피지가 원산지인 생수로 미국 드라마 〈섹스 앤 더 시티〉에서 주인공들이 들고 다니는 장면이 방영되어 인기를 끌고 있다. 이에 따라 '패션 생수'라는 별칭도 붙었다."

에이, 나는 그냥 수돗물이나 마셔야겠다. ✚

13 나는 모든 것을 다 보고 싶다

+ 몰래카메라

노출증을 가진 미디어 + 관음증을 가진 대중

어디든 있으나 어디에도 없는 신의 눈

신의 역할을 넘겨받은 유비쿼터스
범법 행위를 합법적 오락으로 만드는 관음증의 도구

+진중권

뚱뚱한 40대 남자가 진찰실로 들어온다. 의사가 사내를 매트에 눕히고 그의 배에 청진기를 갖다 댄다. 의사는 몇 번 고개를 갸우뚱하더니 초음파 장비를 꺼내 다시 사내의 배에 갖다 댄다. 그러고는 고개를 끄덕이며 밝은 표정으로 사내에게 말한다. "축하합니다. 임신하셨습니다!" 환자의 머리 위 모니터는 배 속에서 꿈틀거리는 태아의 초음파 영상을 보여준다. "보이시죠? 아이는 건강하게 잘 자라고 있습니다." 황당해하는 사내에게 의사가 내쳐 말한다. "뭐, 의학적으로 잘 알려진 것은 아니지만, 수억분의 1의 확률로 이렇게 남성이 임신을 하는 경우가 가끔 있습니다."

"남자분, 임신하셨습니다"

난감해하는 환자에게 의사가 묻는다. "어떻게 하시겠습니까?" 사내가 난감한 표정으로 의사에게 되묻는다. "아이를 뗄 수는 없나요?" 의사가 정색을 한다. "알다시피 우리나라에서는 낙태가 불법입니다.

만약 낙태 시술을 해주었다가 적발되면, 저는 의사 면허를 반납해야 합니다." 깊은 고민에 빠진 사내에게 의사는 임산부姙産婦에게 일반적으로 필요한 주의 사항을 말해준다. "한두 달 뒤면 서서히 배가 불러올 겁니다. 이제부터 심한 운동은 피하셔야 합니다. 음주나 흡연은 절대로 하셔서는 안 됩니다. 음식도 되도록 가려서 드세요. 그리고 앞으로 정기적으로 들러 태아의 상태를 확인하셔야 합니다."

잠시 뒤 의사는 손가락으로 카메라 쪽을 가리킨다. 환자의 시선이 의사의 손가락이 지시하는 곳을 향한다. 거기서 살짝 감추어진 카메라의 렌즈를 확인한 환자는 비로소 안심하고는 박장대소를 한다. 모니터에 떠 있던 태아의 초음파 영상은 물론 임신한 다른 여인의 것을 녹화해서 틀어준 것이다. 한때 전 세계적으로 '몰래카메라'가 유행했나 보다. 개그맨 이경규가 진행하던 '몰래카메라'를 보다가 유학을 갔는데, 거기서도 똑같은 프로그램을 하고 있었다. 이 '임신한 남자' 편은 독일에서 봤던 '몰래카메라Versteckkamera' 프로그램 중에서 나를 제일 많이 웃겼던 것이다.

하지만 대부분의 몰래카메라는 진지한 목적에 사용된다. 이를

테면 경찰은 범인을 추적하거나 증거를 확보하고자 몰래카메라를 동원한다. 그렇게 촬영된 영상은 수사를 돕는 자료, 혹은 범죄 사실을 입증하는 법정 증거물로 활용된다. 이미 도시의 거리에는 여기저기에 폐쇄회로 텔레비전^{CCTV} 카메라가 설치되어 있다. 행인들이 그것의 존재를 알아차리지 못하는 한, 그 역시 일종의 몰래카메라라 할 수 있다. 듣자 하니 강남의 주민들은 길거리에 더 많은 카메라를 설치해달라고 요구하는 모양이다. 이때 몰래카메라는 경찰이 없는 곳에서 경찰의 부재를 기계적으로 보충함으로써 범죄를 예방하는 역할을 한다.

방송사에서는 취재하기 어려운 곳에 들어갈 때 몰래카메라를 들고 들어간다. 이때 기자 혹은 리포터는 카메라가 장착된 가방이나 핸드백을 들고 비리 현장에 잠입한다. 카메라 앵글이 제대로 맞는지 확인할 수 없기에, 시청자가 이를 텔레비전으로 볼 때는 종종 상반신이 뭉텅 잘려나간 상태가 된다. 또 가방에 들어갈 정도의 소형 카메라라 그것으로 찍은 영상은 해상도가 높지 않다. 거기에 프라이버시 침해를 막으려고 종종 음성도 변조된다. 하지만 인위적으로 상황을 연출하지 않은 진짜 '몰카'이기에, 화질이 좋지 않은 이 저해상도의 영상은 놀라운 현장감으로 시청자를 텔레비전 앞으로 끌어당긴다.

알베르티의 날개를 단 눈

이런 공적인 목적이 아니라 사적인 목적에서 몰래카메라를 사용하는 이들도 있다. 이를테면 의심 많은 남편은 출근 뒤 아내의 불륜을 포착하려고 집에 몰래카메라를 설치한다. 여성 화장실에 몰래카메라를 설치해놓고 즐기다가 발각되는 엉큼한 사내들도 있는가 하면, 간호사 탈의실에 몰래카메라를 달아놓는 병원장도 있고, 아르바이트생 탈의실에 카메라를 감춰놓는 편의점 주인도 있다. 그뿐인가? 모텔에 잘못 들어갔다가 본의 아니게 라이브 포르노의 주인공이 되는 사람들도 있다. 뒤늦게 음란 사이트에서 자신이 출연한 포르노 야동을 본다는 모티브는 이미 상업 영화의 소재가 됐을 정도로 빈번한 일이다.

이와는 반대로 매우 도덕적인 목적으로 몰래카메라를 사용하는 경우도 있다. 가끔 일요일에 교회에 나가기도 했던 시절. 일요일 아침이면 목사님이 교회에 갈까 말까 망설이는 게으른 신도에게 휴대전화 문자를 보내시곤 했다. "진중권 성도님, 하나님은 늘 성도님을 내려다보고 계십니다." 으아악, 눈을 올려 하늘을 쳐다본다. 하늘에 계신 저 카메라는 건물의 벽은 물론이고 모든 것을 투시하는 초강력 엑스레이 울트라 몰래카메라. 신심이 충실했던 중세 사람들은 늘 하늘에 있는 신의 눈을 의식하며, 그것으로 자신의 행동을 바로잡았다고 한다.

르네상스 시대에 들어와 중세의 신학적 몰카는 세속화한다. '원근법'을 발명한 레온 바티스타 알베르티Leon Battista Alberti는 날개가 달린 눈을 가문의 문장紋章으로 사용했다. 눈에 날개가 달렸다는 것은 세상 어디로든 날아가 볼 수 있다는 뜻이다. 원래 이 문장은 세상의 모든 것을 시야에서 놓치지 않는 신의 눈을 의미했으나, 알베르티는 거기에 '눈에 보이는 것이라면 어디에 있든지 달려가 그려낼 수 있는' 원근법의 보편적 재현 능력이라는 의미를 살짝 덧붙인 것이다. 원근법이 기하학을 이용한 과학적 재현의 테크놀로지라고 한다면, 오늘날 도처에 존재하는 몰래카메라가 알베르티의 눈을 대신하고 있는 셈이다.

우연히 서울 광화문 교보문고에 갔다가 중세 신학자 안셀무스Anselmus의 신 존재 증명에 관한 책을 발견했다. 책을 펼치자마자 굵은 활자로 찍힌 신의 속성에 관한 기술이 눈에 들어온다. "신은 도처에 존재하나 어디에도 존재하지 않는다." 이 말은 아마도 신은 모든 곳에 존재하나 우리 눈에는 보이지 않는다는 뜻일 것이다. 묘하게도 이는 '유비쿼터스'* 개념을 연상시킨다. 오늘날에는 컴퓨터가 중세에 신이 하던 역할을 넘겨받은 듯하다. 컴퓨터는 모든 사물 속에 내장되어 들어가지만, 너무 작아 이제 눈에 띄지 않는다. 아니, 몰래카메라야말로 신의 눈인지도 모른다. 카메라는 도처에 존재하나 눈에 띄지는 않는다.

시선의 권리, 시선의 권력

자크 데리다Jacques Derrida였던가? '시선의 권리'에 대해 말했던 것이. 아니면 폴 비릴리오Paul Virilio를 따라 이 말을 우리는 '시선의 권력'이

---
* **유비쿼터스**Ubiquitous
사용자가 네트워크나 컴퓨터를 의식하지 않고 장소에 상관없이 자유롭게 네트워크에 접속할 수 있는 정보통신 환경을 말한다.

라는 표현으로 바꿔놓을 수도 있을 것이다. 상대에 대한 시야를 확보하는 것은 어떤 의미에서 그에 대한 지배권을 확보하는 것을 의미한다. 국가는 왜 도처에 카메라를 깔아놓으려 할까? 그것은 자신의 눈에 보이지 않는 게 존재한다는 것을 참지 못하는 것이 권력의 속성이기 때문이리라. 권력을 행사하려면, 그 대상에 대한 시야를 확보해야 한다. 그러므로 카메라 렌즈로 누군가를 포착한다는 것은 법적·정치적 의미에서 그를 체포하는 것이기도 하다.

공적 차원에서 몰래카메라는 이렇게 시선의 권력을 의미한다. 하지만 사적 측면에서 몰래카메라는 무엇보다도 관음증의 도구라 할 수 있다. 카메라의 둥근 렌즈는 공교롭게도 문고리에 달린 열쇠구멍을 닮았다. 그것은 공적으로 금지된 영역, 즉 '프라이버시'라 불리는 타인의 침실 속으로 내 시선을 들여보내는 구멍이다. 몇 년 전 어느 방송사에서 몰래 찍은 부부 스와핑 영상을 내보낸 적이 있다. 법적으로 위험한 일이지만, 부부 스와핑을 규탄하는 도덕적 목소리에 묻혀 더 중요한 프라이버시의 문제는 아예 제기되지도 않았다. 이거야말로 아찔한 일이다.

몰래카메라는 피사체의 동의를 얻어 타인의 프라이버시를 들여다보는 범법 행위를 대중이 즐기는 합법적 오락으로 바꿔놓는다. 그것은 대중에게 타인에 대한 시야를 확보했다는 유사 권력의 느낌을 선사하면서 그들의 관음증적 욕망을 충족시킨다. 몰래카메라 프로그램은 노출증을 가진 미디어와 관음증을 가진 대중의 결혼에서 탄생한 아이라 할 수 있다. ✚

보이지 않는 곳에 숨겨진 카메라,
피험자는 과연 어떤 행동을 취할까?

과학자는 몰래카메라를 사랑해

관찰 행위에 영향을 주지 않기 위해 개발된 묘안
웹캠 역시 몸 무겁고 영리한 과학자들이 만들어낸 것

+ 정재승

선거철만 되면 여론조사와 설문 조사가 기승을 부린다. 과연 얼마나 정확할까? 설문에 참여하는 사람들이 진실을 말하고 있는지도 의심스럽지만, 더 황당한 것은 설문 조사 자체가 참가자들의 행동에 막대한 영향을 미친다는 연구 결과다.

예를 들어, 선거일 전날 "당신은 투표할 의향이 있습니까?"라는 설문 조사에 참여하게 되면, 그들이 투표할 확률이 무려 25퍼센트나 올라간다. 게다가 이번 선거에서는 예년에 비해 투표율이 크게 올라갈 것으로 예상된다는 뉴스를 접한 그룹은 그렇지 않은 그룹보다 투표에 참여할 확률이 20퍼센트 이상 올라간다. 물건을 구매할 때도 비슷한 효과가 나타난다. 미국인을 대상으로 50개 주에서 4만 명 이상을 표본 조사한 결과, "앞으로 6개월 안에 휴대전화를 구매할 의사가 있습니까?"라는 간단한 질문만으로도 구매율을 35퍼센트나 높일 수 있는 것으로 나타났다. 사람들의 의도를 측정하는 설문 조사가 그들의 구매 의사와 행동에 영향을 미친다는 것이다.

사람들이 '의도에 대한 질문'을 받았을 때 자신의 답변에 행동을 일치시킬 가능성이 높아지는 현상을 심리학에서는 '단순측정효과

mere-measurement effect'라고 부른다. 관찰하는 행위가 관찰 대상에게 영향을 미치는 '양자역학적인 효과의 일상생활 버전'이라고나 할까? 상황이 이렇다 보니, 인간의 의사결정이나 행동을 연구해야 하는 사회과학자들로서는 무척 골치가 아팠다. 설문 조사의 답변이 진실이라고 말하기도 힘든 상황에서 조사 자체가 실험 결과에 영향을 미치니 난감할 수밖에 없다.

몰래 행해지는 세심한 관찰

이 문제를 해결하고자 묘안을 짠 심리학자가 있었으니, 그의 이름은 윌리엄 이케스William Ickes. 1973년 위스콘신 대학교 심리학과 교수로 부임한 그의 연구 주제는 '마음 읽기와 공감'이었다. 그는 인간의 마음 읽기 능력을 정교하게 측정하는 실험이 필요했지만, 설문 조사나 실험실에서 수행하는 '잘 짜여진 실험'으로는 도무지 '자연스러운 마음 읽기 능력'을 측정할 수가 없었다.

그러던 어느 날, 존 파울스John Fowles의 소설 《마구스The Magus》를 읽고 그는 기발한 아이디어를 떠올린다. 소설에서 주인공 니콜라스 프락소스는 그리스 섬에 있는 외딴 저택에 잠시 머무는 동안 일련의 이상한 사건을 겪는다. 알고 보니 나이 많은 부호인 모리스 콘키스가 프락소스를 자신이 구상해놓은 상황 속에 빠뜨린 후, 그의 말을 도청하고 행동을 몰래 녹화했던 것이다.

이 소설에서 착상을 얻은 윌리엄 이케스 교수는 곧바로 연구실로 돌아와 모리스 콘키스처럼 자신이 '인간 본성의 세심한 관찰자'

가 되기로 마음먹는다. 잘 통제된 실험실 연구와 자연스러운 관찰 연구의 장점을 살려, '실험실'과 '실험 대기실'에 몰래카메라를 설치해 실험 참가자들의 행동과 말을 관찰하기로 한 것이다(물론 실험 참가에 대한 서면 동의서를 받고서 말이다).

그는 피험자들을 실험실로 오게 한 후, 여러 개의 슬라이드를 보면서 내용을 평가하는 과제를 내줄 것이라고 설명한다. 그리고 나서 작은 탁자 위에 있는 슬라이드 프로젝터를 가동하려고 스위치를 켜는 순간, '퍽!' 하는 소리와 함께 불꽃이 튀면서 프로젝터 전구가 터져버린다. 실험자는 당황한 표정으로 "이를 어쩌지?" 하고 짜증 나는 표정을 지으며, "새 프로젝터 전구를 가져와야겠네요. 옆 건물 지하 창고까지 가야 하니 아마 몇 분 걸릴 거예요"라고 말한 후 홀연히 사라진다. 이제 피험자는 다른 실험 참가자와 소파에 단 둘이 앉은 채 실험실에 남게 된다. 또 다른 참가자는 무척이나 매력적인 낯선 이성. 5분 남짓한 시간 동안 이 피험자는 과연 어떤 행동을 취할까?

내가 먼저 말을 걸어야 하나, 아니면 상대방이 먼저 말을 걸어오기를 기다려야 하나? 아무 말도 하지 않기로 마음먹었다면, 눈길이 마주치는 것도 피해야 하나? 눈이 마주치고도 아무 말을 하지 않으면, 무례하게 느껴질 텐데. 그도 상대방을 불쾌하게 만들고 싶진 않다. 왜냐하면 상대방은 아주 매력적인 이성이니까(물론 매력적인 이성은 미리 실험자와 짜고 정해진 대로 행동하는 '내부자'다!).

일상을 생중계하는 나르시시즘적 욕망

윌리엄 이케스는 '몰래카메라 실험'이 아니면 도저히 관찰할 수 없는 피험자들의 말과 행동(웃음, 몸동작, 눈 마주침 같은 비언어적 소통)을 관찰함으로써, 마음 읽기 과정과 공감 정도를 측정했다. 그의 실험은 피험자의 인권과 사생활 침해 문제, 실험 과정의 자발성과 실험자의 상황 조작 가능성 등 다양한 문제가 제기됐지만, 실험심리학의 새로운 전기를 마련하는 획기적인 실험 디자인으로 평가받았다(물론 지금은 '심리학 실험의 전형적인 방법' 중 하나로 애용되고 있다).

몰래카메라의 등장은 과학자들에게도 막대한 영향을 미쳤다. 인간의 행동을 과학적으로 탐구하는 인간공학, 인간과 로봇/컴퓨터의 상호작용을 연구하는 로보틱스 Human-Computer Interface : HCI, 시선 추적장치 eye-tracking technique를 이용해 인간의 시각 주의 집중을 탐구하는 인지신경과학, 사회적 커뮤니케이션을 연구하는 문화기술학 등에서 중요한 연구 방법으로 사용되고 있다.

실제로 '웹캠'이란 것도 과학자들이 몰래카메라를 방불케 하는 '라이브쇼'를 보려고 지적 능력을 사용하면서 발명됐다. 1991년 영국 케임브리지 대학교의 한 연구소에는 복도 끝에 맛있는 커피가 담긴 포트가 하나 있었다. 맛이 좋다 보니 금세 사라지기 일쑤였다는데, 복도 끝까지 갔다가 허탕을 치고 돌아오는 경우가 자주 발생했다. 여기에 심술이 난 한 과학자가 커피포트 앞에 작은 카메라를 설치하고, 모든 연구원이 웹상에서 '커피포트에 커피가 현재 얼마나 남아 있는지'를 볼 수 있도록 만든 것이 웹캠의 시초였다('몸이 무겁

고 머리가 뛰어난' 세상 모든 과학자에게 경배를!).

요즘 '몰래카메라'를 사용하는 과학자들의 최대 화두는 '카메라에 담긴 영상'을 통해 인간의 행동, 언어적/비언어적 커뮤니케이션을 어떻게 자동적으로 정량화할까 하는 것이다. 워낙 데이터가 많다 보니, 일일이 눈으로 보면서 확인하는 과정이 거의 불가능한 지경에 이르렀기 때문이다. 게다가 카메라가 노출되어 있으면 자꾸 카메라에 시선이 가거나 행동에 제약을 받고 자기 검열을 하기 때문에, 카메라를 교묘히 숨기는 기술 또한 고도로 발달하고 있다.

최근에는 여기에 한술 더 떠 몰래카메라를 자신의 공간에 스스로 설치한 후(이쯤 되면 더 이상 몰래카메라가 아니지만!), 자신의 일거수일투족을 모두 기록하는 라이프로그 시스템을 연구하는 과학자들도 있다. 웹캠과 싸이월드, 블로그 등을 통해 자신의 일상을 기록하고 생중계하려는 나르시시즘적 욕망이 하루 24시간, 1년 365일, 80년 평생을 기록하는 대용량 프로젝트로 탈바꿈해 과학자들을 몰두하게 만들고 있다(이 프로젝트에 기꺼이 참가하기를 기다리는 피험자들이 무척 많다!).

이 연구의 최대 난제는 역시 '수많은 일상 데이터에서 의미 있는 데이터를 빠르게 찾는 방법을 개발하는 일'이다. 한 인간의 삶을 '200기가바이트GigaBytes 하드디스크 4000개'로 온전히 담아낼 수 있을지는 모르겠지만, IBM을 포함해 전 세계 '가장 뛰어난 컴퓨터 사이언티스트들'이 이 연구를 위해 불면의 밤을 보내고 있다.

과학자 앞에 나타난 외계인

개인적으로, MBC에서 인기리에 방영됐던 '이경규의 몰래카메라'에서 가장 가슴 아픈 순간은 천문학을 전공한 한 과학자가 '외계인이 지구에 내려오는 가상 설정'에서 과학자로서의 이성을 잃고 흥분하고 허둥대다가 무참히 속아 넘어간 장면이었다. 인간 본성을 엿보고 싶은 관음증적 탐구를 위해 몰래카메라를 들고 '신의 지위'를 차지하려 했던 과학자들. 그러나 막상 그들을 향해 몰래카메라를 들이댔을 때 속절없이 무너져버린 과학자의 모습 속에서 '과학의 권위'는 처참하게 무너졌다.

그날의 몰래카메라가 각별히 가슴 아팠던 이유는, 날마다 연구실에서 실험 데이터를 억지 해석하며 자연이 파놓은 함정에 매번 빠지는 '세상 모든 과학자의 자화상'이었기 때문이다. ✛

14 ✛ 개그콘서트
웃음, 열등한 이들의 또 다른 존재 증명

유머의 진검 승부.

개그 달인들의 심리 게임

지난 10년간 '열등한 존재'를 당당함으로 반전시킨 유머의 힘

+정재승

21세기 대한민국 개그의 현주소는 일요일 밤 9시 15분 KBS〈개그콘서트〉에서 발견된다. 특정 집단에 대한 풍자나 노골적인 성적 농담을 거세당하고도, 매주 온 국민의 어깨를 들썩이게 하는 그들의 개그는 가히 달인 수준이다.

일요일 밤 혼자 텔레비전 앞에 앉아 조용히〈개그콘서트〉와 맞서려는 시청자들이라면 박장대소를 하긴 어렵겠지만, KBS 녹화장에서〈개그콘서트〉를 직접 방청하면 개그가 주는 웃음 외에 '감동'도 얻을 수 있다. 녹화 전 분위기를 끌어올리려고 방청객과 함께 벌이는 즐거운 현장 개그, 예상외로 적은 NG와 쉴 틈 없이 진행되는 코너들, 녹화 후 개그맨들이 무대에서 선보이는 개인기 퍼레이드, 그리고 웃을 준비가 되어 있는 따뜻한 관객들. 재미있는 텔레비전 프로그램은 혼자 볼 때보다 여럿이서 함께 볼 때 무려 30배나 더 많은 웃음이 터져 나온다는 심리학자 로버트 프로빈Robert Provine 교수의 연구 결과가 거짓이 아님을 방청객 모두는 체험하게 된다.

스탠딩으로 웃기기 어려운 이유

《웃음 : 그에 관한 과학적 탐구 Laughter : A scientific investigation》로 잘 알려진, 웃음 연구의 대가 로버트 프로빈 교수의 연구는 토크쇼나 리얼 버라이어티 장르에 비해 〈개그콘서트〉 같은 스탠딩 개그가 얼마나 어려운지 잘 설명한다. 그는 대학 캠퍼스에서 웃고 떠드는 학생 1200명의 대화 내용을 분석해 흥미로운 사실을 발견했다. 사람들이 대화 도중 웃는 것이 농담이나 재미있는 얘기 때문인 경우는 10~20퍼센트에 불과하며, 대부분 친구의 근황이나 자신이 겪은 일상적 경험을 주고받을 때라는 것이다. 가장 큰 웃음이 터진 대화를 분석해봐도 그다지 포복절도할 내용은 아니었으며, 농담을 듣는 사람보다 농담을 하는 사람이 1.5배 이상 더 많이 웃었다.

    이 연구 결과는 우리에게 웃음은 '유머에 대한 생리적 반응'이 아니라 '인간관계를 돈독하게 해주는 사회적 신호'라는 메시지를 전해준다. 친하거나 호감이 가는 상대와 대화를 나누는 것이 즐거워 웃는 것이지, 농담을 주고받아야만 웃음이 터지는 것은 아니라는 얘기다.

방청객을 웃기는 것이 아니라 함께 무대에 선 연예인들을 웃기는 토크쇼들. 시청자는 그 사회적 유대 안에 끼지 못하고 그들이 웃고 떠들며 노는 광경을 바라보며 웃어야 하는 수많은 리얼 버라이어티들. 이런 상황에선 재미있는 일화나 유머러스한 농담이 차지하는 비중이 생각보다 높지 않다. 리얼 버라이어티나 토크쇼에서 그중 누군가를 놀리거나 막말을 함으로써 자기네끼리 웃음을 유발할 순 있지만, '녹음된 웃음소리'와 '말장난 수준의 자막'이 없으면 시청자들이 공감하긴 힘들어진다. 그에 비하면, 바로 앞에 앉은 관객들을 웃겨야 하는 〈개그콘서트〉나 〈웃음을 찾는 사람들〉은 '유머의 진검 승부'가 아닐 수 없다.

〈개그콘서트〉는 웃음을 유발하는 심리 전략이 매 코너마다 잔뜩 녹아 있는 '유머의 교과서'다. 그중 가장 매력적인 전략은 기대감 배반이 주는 '반전의 웃음'이다. 평범한 대화와 인트로로 예측 가능한 '전형적인 상황'을 만들었다가 뒤통수치는 결말로 반전의 웃음을 주는 방식이다. 뒤통수를 얼마나 세게 치는가가 개그의 수준을 결정한다. 착한 남자가 등장해 한 여성에게 잘해주지만, 이내 등장한 '나쁜 남자'는 의외의 반응을 보인다. '악성 바이러스'에서는 연주자들이 기상천외한 곡들을 연주한다. '할매가 뿔났다', '독한 것들', '달인', '안상태의 뿐이고' 모두 반전이 주는 재미가 무엇인지 보여주는 전형적인 코너들이다.

'타이밍'의 명수들

과학자들은 반전을 '모순 이론'으로 설명한다. 논리적으로 쉽게 연결되지 않거나 전혀 예상치 못한 상황이 벌어질 때 사람들은 갈등(혹은 모순 incongruity)을 경험하고, 그것이 해소resolution되면서 웃음을 터뜨린다는 것이다. 〈개그콘서트〉의 개그맨들이 뛰어난 것은 반전의 핵심인 '타이밍'을 매우 잘 맞춘다는 점이다. 이것은 뛰어난 연기력을 필요로 하는데, 기대감이 한껏 고조된 상황에서 '적절한 타이밍'으로 예상을 뛰어넘는 반전을 만들어내는 것은 '개그 달인의 내공'이 없으면 어려운 것이다. NAN 방송의 안상태 기자가 평범한 목소리로 뉴스를 리포트 하다가 멈추고 정적이 흐르면, '뒤통수를 치는 반전'이 나오기도 전에 관객이 웃는 이유도 이 때문이다.

미국의 심리학자 피터 더크Peter Dirk 박사는 '반전 개그'를 이해하려고 노력하는 과정이 지능 발달에 매우 유용하다고 주장한다. 피터 더크에 따르면, 일단 유머가 시작되면 우리의 대뇌는 다양한 결말을 예측해보며 점점 긴장 상태에 이른다. 그러다가 결말이 엉뚱하게 마무리되면, 아주 짧은 순간이나마 그동안의 예측들을 머리에서 지우고 새로운 틀 안에서 전체적인 이야기를 재구성한다. 예상치 못한 결말이 전체 이야기에 대해 새로운 시각을 제시할 때, 사람들은 유쾌한 웃음을 터뜨린다. 바로 이 짧은 반전의 순간에 뇌에서는 복잡한 정보처리 과정이 일어나며, 창의력처럼 고등한 사고 과정을 담당하는 뇌 영역이 활발히 활동한다는 것이다. '반전 유머'는 인간의 가장 고등한 '지적 활동' 중의 하나이니, 학부모들이여, 대한민국 모든 청소년에게 〈개그 콘서트〉 시청을 허하라!

〈개그콘서트〉가 〈웃음을 찾는 사람들〉이나 〈개그야〉에 비해 단연 돋보이는 대목은 '적절한 음악(효과음) 사용'이다. 기대감을 유발하고 극적 반전의 해소를 최대화하고자 매 코너마다 음악이 사용되는데, 개그맨들의 연기만큼이나 중요할 때가 많다. 나쁜 남자나 순정만화, 도움 상회, 연애 컨설턴트 박지선 같은 코너에 음악이 없다고 상상해보라.

찰리 채플린이나 배삼룡, 심형래 등의 바보 개그 전통도 여전히 〈개그콘서트〉에서 발견된다. 플라톤 이래 수많은 철학자들이 주장한 '우월성 이론'에 따르면, 사람들은 타인에게서 실수나 결점을 발견했을 때, 혹은 뭔가 모자라는 듯한 행동을 보게 되면 웃는다. 예를 들어 '미쳤어'의 박휘순이 자학 개그를 하거나 김대희가 '바보 대구'를 연기할 때, 우리가 터뜨리는 웃음에는 '너는 나보다 멍청해'라는 우월감이 내재적으로 깔려 있다는 것이다.

그러나 지난 10년간 〈개그콘서트〉의 발전에서 우리가 가장 주목해야 할 것은 '열등한 존재'들의 당당함이다. 얼굴이 못생긴 여성이 놀림감이 되는 개그는 예나 지금이나 있어왔지만, 박지선과 신봉선, 강유미 등 요즘 개그우먼이 이영자와 다른 점은 그들에겐 열등감과는 거리가 먼 '건강함과 당당함'이 있어서다. '변선생'의 변기수나 '준교수'의 송준근, 〈웃음을 찾는 사람들〉의 김늘메처럼 동성애나 트랜스젠더를 연상시키는 캐릭터를 연기하면서도, 시청자들로 하여금 사회적 편견 없이 건강하게 받아들일 수 있도록 한 점은 지난 10년 동안 한국 코미디가 이룩한 성과다. 실컷 웃고 나서 프로그램이 끝나면 마음 한구석이 찜찜했던 '불편함'이 줄어들었으니 말이다.

'황현희 PD의 소비자고발'과 '박대박'처럼 당연하다고 여겨진 친숙한 것들을 다시 들여다보게 만드는 낯설게 하기, '도움 상회'와 '할매가 뿔났다'처럼 사회적 이슈나 '버릇없는 아이'처럼 사회현상에 대해 세태를 비꼬는 풍자 개그도 고급 개그의 한 예다.

앞으로 360년간 기대할 수 없는 것

어느 시민단체가 〈개그콘서트〉를 '나쁜 방송'으로 선정한 것이 인터넷상에서 논란이 됐다. 〈개그콘서트〉에 여전히 사회적 약자 비하, 북한 비하, 외모 비하, 자학 및 막말 사용 등 정치적으로 올바르지 않은 내용이 포함되어 있는 것은 사실이다. "웃음이란 열등한 타인을 통해 뜻밖의 우월감을 느꼈을 때 나타나는 말초적 승리감에 불과하다"라고 토머스 홉스 Thomas Hobbes가 360년 전 《리바이어던 Leviathan》에서 얘기한 걸 보면, 앞으로도 360년간 개그 프로그램이 정치적으로 올바르길 기대하는 건 무리일 것 같다.

차라리 시청자들에게 "개그는 개그일 뿐 오해하지 말자!"라고 '개그를 바라보는 태도'를 제대로 일러주는 것이 현명하지 않을까? 이것을 제대로 못 배우면 나중에 웃자고 한 얘기에 죽자고 덤벼드는 '똥오줌 못 가리는' 인간이 되고 만다. ✛

개그가 비열해지는 그 순간

이미지의 돌발을 즐기라

서사의 파괴가 대중적 문화 현상이 됐음을 보여주다

✚ 진중권

평소에 별로 나이 들어 보이지 않는다는 말을 많이 듣지만, 나도 어쩔 수 없이 나이 먹었다는 것을 느끼는 때가 있다. 바로 개그 프로그램을 보면서 따라 웃지 못하는 자신을 발견할 때다. 내가 보기에 이제까지 코미디 프로그램에는 두 번의 전성기가 있었다. 배삼룡·이기동·구봉서·서영춘이 활약하던 시절이 첫 번째 전성기요, 김형곤·심형래·김미화·김한국이 화면을 누비던 시절이 두 번째 전성기다. 그 시절에 비하면 요즘 코미디는 모든 면에서 질적 수준이 외려 낮아졌다. 솔직히 그렇지 않은가?

강화된 즉흥성과 연출의 신속성

그런 내 생각을 일거에 뒤엎어버린 충격적 사건이 있었다. 언젠가 버스를 탔다가, 젊은이들이 하는 얘기를 엿듣게 됐다. 뭘 보다가 왔는지 그중 하나가 말했다. "야, 썰렁해. 옛날 김형곤·심형래 개그 수준이야." 우리 세대를 열광시켰던 그 옛날의 개그를 요즘 세대는 '썰

렁'하게 느끼고 있었던 것이다. 그때 비로소 그게 결국 세대 간 취향의 차이에 불과하며, 내게 코미디 프로그램의 '퇴화'로 보였던 것이 어쩌면 시대의 변화에 적응하려는 '진화'나 '발전'의 현상일 수도 있겠다는 생각을 하게 됐다.

"말장난 위주의 개그가 전부인 줄 아는 후배 개그맨들을 보면 안타깝죠." 어느 인터뷰에서 개그맨 이봉원이 한 말이다. 그도 나처럼 최근의 코미디에 불편함을 느끼는 모양이다. "요즘 코미디는 코미디라고 부를 수 없을 정도로 즉흥적이죠. 말장난 위주의 개그를 하는 후배들은 자신을 '개그맨'이라고 부르기가 쑥스러울 것 같습니다." 브라운관 복귀를 준비하는 그는 옛날 콩트를 부활시켜 옴니버스 형식으로 꾸민 상황 코미디로 승부하겠다고 말한다. 과연 이 복고풍 전략이 젊은이들에게 먹힐 수 있을까?

SBS의 〈웃음을 찾는 사람들〉, MBC의 〈개그야〉, KBS 2TV의 〈개그콘서트〉. 현재 각 방송사를 대표하는 이 개그 프로그램들은 모두 스탠딩 공개 코미디의 형식을 취하고 있다. 이 새로운 형식의 효시는 역시 가장 긴 역사를 가진 〈개그콘서트〉다. 이 프로그램의 성공은 결국 다른 방송사들의 코미디마저 바꿔놓았다. 이 포맷은 과거 대학로의 무대에서 실험적으로 행해지던 스탠드업 코미디를 텔레비전으로 고스란히 옮겨온 것으로, 원래 개그맨 전유성의 제안에 따라 1회에 한해 파일럿 형식으로 방영됐다가 시청자의 반응이 좋아 정식 방송으로 편성됐다고 한다.

포맷이 변하면 코미디의 내용과 형식도 달라질 수밖에 없다. 누군가 위키피디아에 올려놓은 기사를 읽어보니, 당시 〈개그콘서트〉는 과거의 〈유머일번지〉와 같은 기승전결식 고정 코미디가 아닌 빠른 리듬과 빠른 코너의 개편으로 신세대에게 충분한 어필을 받았다고 한다. 게다가 관객을 앞에 데려다놓고 하는 공개 코미디이다 보니, 콩트의 연극적 완결성보다는 당연히 현장 관객과 호흡하는 즉흥성이 중요해질 수밖에 없다. 〈개그콘서트〉가 폭발적 인기를 끌면서 코미디의 형식 자체를 바꿔놓은 것은, 그것의 강화된 즉흥성과 연출의 신속성이 '신세대'의 취향에 들어맞았기 때문일 것이다.

옛날 코미디는 '고도를 기다리며'

과거의 기승전결식 코미디는 선형적으로 전개되는 스토리의 마지막에 찾아오는 반전에 묘미가 있었다. 예를 들어 최양락의 '고독한 사냥꾼'의 경우, "내가 이 카페를 즐겨 찾는 까닭은 여기에 오면 뭔가 좋은 일이 생길 것 같은 예감 때문이지"라고 시작했다가, 마지막에 "에구에구, 그날 난 비 오는 날에 먼지가 나도록 맞았다"로 끝난다. 하지만 스탠딩 코미디는 종종 이렇다 할 반전의 모멘트 없이 매 순간 웃음의 포인트를 만들어낸다. 반전을 기다리는 구세대에게 이런 코미디는 오지 않는 '고도를 기다리는' 인간만큼 허무하게 느껴진다. 서사적 맥락 없이 튀어나오는 순간적 말장난도 구세대에게는 그저 허탈할 뿐이다.

　신세대가 그런 형식의 코미디에 열광하는 데는 이유가 있을 것이다. 매체 환경의 변화로 신세대의 지각 방식은 과거와 달라졌다. 1930년대에 발터 벤야민은 영화의 몽타주 기법이 인간의 지각을 산만하게 만든다고 지적했다. 막이 오르면 막이 내릴 때까지 선형적으로 이어지는 연극과 달리 영화는 숏들의 조립으로 이루어진다. 몽타주는 영화, 텔레비전, 광고 등 오늘날 시각문화의 대부분을 점령했다. 그 결과 대중의 지각은 산만해졌다. 3초 안에 사로잡지 않으면 바로 채널을 돌리는 버릇을 가진 신세대를 사로잡으려면, 당연히 매 순간 웃음의 포인트를 만들어내야 한다.

희극은 플롯이 시간축을 따라 인과적으로 전개된다. 스탠딩 코미디는 이미 20세기 예술에 나타난 서사의 파괴가 대중문화의 현상이 되었음을 의미한다. 중요한 것은 서사의 시간적 전개의 끝에 찾아오는 급전急轉의 깨달음이 아니라, 순간순간 터져 나오는 이미지의 전복, 뉘앙스의 일탈, 의미의 전환이다. 텍스트는 시간적으로 전개되나, 이미지는 공간적으로 제시된다. 문자문화의 끝 자락을 입은 구세대는 코미디에서 플롯의 시간적 전개와 반전을 기대하지만, 이미 영상문화의 홍수 속에 사는 신세대는 플롯이 흐르지 않는 영원한 현재 속에서 순간마다 튀어나오는 이미지의 돌발을 즐기려 한다.

문자문화의 종언과 더불어 제2차 구술문화가 시작됐다. 관객과 분리된 무대 위에서 이루어지는 정통 연극이 문자문화에 속하는 현상이라면, 연기자와 관객이 한데 어우러져 서로 대거리를 주고받는 탈춤은 구술문화에 속하는 현상이다. 정통 연극의 구조는 강한 자기 완결성을 갖는다. 전체 플롯의 진행에 도움을 주지 못하는 에피소드는 반드시 빠져야 한다. 하지만 탈춤과 같은 구술문화적 형식은 짜임새가 느슨하다. 그것의 구성은 논리적으로 잘 연결되지 않는 에피소드들의 기계적 접합에 가깝다. 코미디 형식에 일어난 변화는 이러한 매체 환경의 변화, 그로 말미암아 대중의 지각 방식이 변화한 결과라 할 수 있다.

풍자와 해학 사이

한 언론 운동 단체에서 〈개그콘서트〉를 2008년 '나쁜 예능 프로그램'으로 꼽았다고 한다. 이유는 "여성 비하와 막말, 외모 비하, 가학성"이다. 발끈한 황현희가 한국방송 연기대상에서 우수상을 받은 기념으로 "개그맨들이 아이디어 회의를 하는 걸 한 번이라도 보면 그런 생각을 하지 않을 것"이라고 받아쳤다. 개그 프로그램에 과도한 '정치적 올바름'을 요구할 필요는 없지만, 방송에서 사회적 편견을 그대로 드러내는 말장난을 들을 때면 솔직히 마음이 편하지 않다.

흔히 풍자와 해학을 구별한다. 풍자는 '남을 아프게 찌르는 것'이다. 풍자에는 웃는 사람과 아픈 사람이 따로 존재한다. 이 때문에 그것은 사회적 비난을 받아야 할 현상이나 인물만을 겨냥해야 한다. 반면 해학은 상대의 가벼운 약점을 들춰내는 것이다. 남을 아프게 하겠다는 악의가 없기에 공격을 받는 대상도 함께 웃게 된다. 개그맨들의 특정 발언이 가끔 우리를 불편하게 하는 것은 이 구별이 분명하지 않기 때문일 것이다. 여성 비하나 외모 비하는 해학의 형식을 취했다고 해도 풍자처럼 애먼 사람을 아프게 할 수 있다.

보수적인 사회에서 사회적 풍자의 길이 사실상 가로막혀 있다 보니, 희극에 내재된 공격성이 쓸데없는 방향으로 흐르는 것일까? "너희들 오토바이 타는 형들 부럽지? 가스 마시는 형들 부럽지? 걔들 지금 오토바이 타고 가스 배달하고 있어." 이런 개그를 들으면서 대중은 폭소를 터뜨린다. 하지만 오토바이 타고 배달하며 열심히 사는 청년들은 이런 비웃음을 당하지 않을 권리가 있다. 교양과 반성이 없는 개그는 쓸데없이 비열해질 수 있다. ✛

15 ✚ 강호동 vs 유재석
끼와 재능도 경영하는 시대

Variety show kills the Comedy star?

강호동, 10시간 녹화 시대를 연 장사

버라이어티쇼이기에 재능을 발휘하는 MC들,
그들에게 필요한 것은 재치가 아니라 경영 능력

+ 진중권

《예능의 정석》은 강호동이 '1박2일' 멤버들에게 늘 훈수를 둘 때 인용하는 책이다. 물론 실제로는 존재하지 않는 책이다. 사이비 인용은 호르헤 보르헤스Jorge Luis Borges와 움베르토 에코Umberto Eco만 하는 줄 알았는데, 강호동이 그 기법을 사용했다고 한다. 강호동의 것은 이른바 '자가 인용auto-citation'이라 할 수 있다. 존재하지 않는 자기 책에서 자기가 쓰지도 않은 문장을 인용한다는 발상이 재미있다. 그런데 존재하지 않던 그 책이 발간됐다고 한다. 그의 팬들이 존재하지 않는 이 책을 만들어 팬미팅 때 그에게 선물했다는 것. 정가는 '꼬막 2000개'. 웬만하면 구입하려고 했는데, 꼬막 2000개 깔 일이 막막해 포기하고 말았다.

실제로 '예능의 정석'이 있는 것일까

지금 예능 프로그램은 강호동과 유재석 둘이서 거의 양분을 하고 있는 모양이다. KBS, MBC, SBS 방송 3사에서 이 두 사람은 같은

시간대에 프로그램을 맡아 치열한 시청률 경쟁을 벌이고 있다. 시청률 상위 10개 프로그램 중에 이 두 사람이 출연하는 것이 무려 8개라니, 둘이서 브라운관을 독점하고 있다 해도 과언이 아니다. 수많은 개그맨이 있고 수많은 MC가 있는데, 유독 이 두 사람만이 두각을 나타내는 데는 분명히 이유가 있을 것이다. 농담이 아니라, 실제로 '예능의 정석'이라는 것이 있을지도 모른다.

평소에 텔레비전을 보지 않는지라, 예능 프로그램을 보는 것은 주로 식당에 들어가서 밥을 먹을 때뿐이다. 사람마다 유머의 취향이 달라, 내 경우에 솔직히 예능 프로그램을 보면서 웃는 경우는 거의 없다. 외려 그것을 보며 웃는 사람들을 보며 재미있어하는 편이다. 하여튼 일곱 살 초등학생부터 일흔 살 노인까지 텔레비전을 보며 보편적으로 웃는 데는 내가 이해하지 못하는 어떤 코드가 있음이 틀림없다. 강호동이 예능에서 단연 두각을 나타내는 것은 대중의 신체에 기입된 코드를 정확히 이해하고 있기 때문일 것이다.

사실 개그의 미학적 수준으로 보면, 전유성을 따라갈 사람이 없을 것이다. 그의 개그는 예술이다. 문제는 그게 텔레비전이라는 매체에는 잘 어울리지 않는다는 데 있다. 그의 것은 일상을 배경으로 펼치는 퍼포먼스에 가깝기에, 당시 유행하던 극 형식의 코미디에는 어울리지 않았다. 텔레비전이라는 매체에 맞는 개그맨의 최고봉은 역시 이경규일 것이다. 이 노장은 전성기를 한참 지나고 오랜 공백기 끝에 브라운관에 복귀했어도 전혀 어색하지 않다. 최근 세대 중에서 말로 웃길 줄 아는 이가 있다면, 김제동이 아닌가 싶다. 그의 개그에는 해학과 격조가 있다.

강호동이나 유재석은 말로 웃기는 스타일이 아니다. 강호동은 과도하게 풍부한 성량으로 봐주기 부담스러운 오버액션을 남발하는 스타일이다. 유재석이 하는 농담을 들어보면 그가 왜 개그맨으로서는 별 볼일 없었는지 저절로 이해가 된다. 그런데도 그들이 예능 프로그램에서 독보적 위치를 점하는 것은 왜일까? 그것은 아마도 예능의 포맷이 '버라이어티쇼'와 같은 형식으로 바뀌었기 때문일 것이다. 여기서는 자기 혼자서 웃기는 개그맨의 재능보다는 프로그램에 출연한 다른 멤버들로 하여금 웃기게 만드는 사회자의 능력이 더 중요하다.

PD의 평을 들어보자. "강호동은 분위기를 몰고 가서 게스트가 자연스럽게 말할 수 있게 하는 능력이 뛰어나다." "껄끄러운 질문도 유머러스하게 하는 힘이 있다." 그런가 하면 일반인 출연자들로부터 재미있는 지점을 찾아내고 이끌어내는 능력도 상당히 탁월하다는 얘기도 있다. 이 모든 평을 한마디로 요약하면, 그가 자기의 개인기로 직접 웃음을 만들어내는 것이 아니라, 출연자로 하여금 웃음을 만들어내도록 유도하는 능력이 있다는 것이다. 이 말은 물론 유재석에게도 해당될 것이다. 한마디로 이 둘은 뛰어난 사회적 지능을 갖추고 있다.

MC, 뛰어난 '사회적' 지능

강호동이 이른바 '리액션'을 강조하는 것은 그것과 관련이 있다. 그는 상대가 말만 하면, 보기 민망할 정도로 크게 반응을 보인다. 판소리의 추임새라고 할까? 그는 거의 무당굿에 가까운 요란한 반응으로 출연자들의 심리적 부담감을 덜고 그들이 하고 싶은 말을 거리낌 없이 하게 자리를 깔아준다. 출연자가 썰렁한 말을 해도 강호동이 과도한 리액션으로 맞장구를 쳐주면, 그 말은 실제로 우스워진다. 물론 이 오버액션이 어떤 이들에게는 부담스러울 수 있다. 그래서 강호동에게는 많은 안티가 따라다닌다.

반면 유재석은 안티가 거의 없다. 그 역시 그의 진행 스타일과 관련이 있다. 그는 강호동처럼 요란하게 나대지 않고 조용히 제 역할을 수행한다. 일부러 남보다 좀 모자라는 듯이 행동함으로써 출연한 멤버들을 자신보다 돋보이게 만들고, 그들로 하여금 자신의 끼를 맘껏 발산하게 유도한다. 이렇게 스스로 나대지 않고 눈에 보이지 않는 희생(?)으로 프로그램을 만들어나가는데, 과연 누가 그를 미워할 수 있겠는가? 이것이 설문 조사에서는 유재석이 늘 강호동을 앞설 수밖에 없는 이유다.

물론 유재석이 더 낫다는 얘기가 아니다. 이를테면 강호동이 맡은 프로그램들은 서로 성격이 많이 다른 반면에, 유재석이 맡은 프로그램들은 성격이 서로 비슷비슷하지 않은가. MC가 시끄럽게 나

대느냐, 아니면 조용히 뒷바라지하느냐. 그것은 스타일의 차이일 뿐이다. 나아가 프로그램의 성격도 고려해야 한다. 강호동이 무당굿하듯이 요란하게 설치지 않는 '무릎팍 도사'를 상상할 수 있겠는가? 그 프로그램을 유재석에게 맡길 수는 없는 것이다. 강호동은 유재석이 될 수 없고, 유재석이 강호동이 되어서도 안 된다.

개그맨의 영웅시대가 막을 내리다

얼마 전 이경규가 어느 방송에 나와 이렇게 투덜댔다고 한다. "나는 PD가 편집할 필요도 없게 60분짜리 방송을 70분 만에 녹화한 적도 있다. 대부분 녹화도 2시간에서 2시간 30분이면 끝난다. 힘이 넘치는 강호동이 10시간 녹화의 시대를 열었다." 실제로 이경규처럼 개인기가 뛰어난 진행자라면, 편집이 따로 필요 없을 정도의 녹화를 할 수 있을 것이다. 하지만 그런 그도 "나도 요즘 반성하고 꾹 참으며 5시간씩 녹화에 참여하고 있다"라고 했단다. 물론 좌중을 웃기기 위한 농담이지만 여기에는 뼈가 담겨 있다.

PD들은 강호동과 유재석이 프로그램에 대한 헌신성이 강하다는 점을 강조한다. 과거에는 개그맨의 끼가 프로그램의 생명이었다. 아마 이경규는 그 시대가 그리울 것이다. 하지만 이제는 그다지 개그 끼가 없는 출연자들을 모아 웃음을 산출하는 것이 중요해졌다. 그러다 보니 선천적인 끼의 발산보다는 프로그램 자체를 '경영'하는 후천적 노력과 헌신과 자세가 예능 프로그램의 덕목이 되어버린 것이다. 과거에 '순발력'이라고 하면 상황에 맞게 농담을 던지는 재치를 의미했으나, 이제 그 말은 순간순간 출연자의 반응을 끌어내는 경영 능력을 의미하게 됐다.

옛날에 유행하던 팝송처럼 '버라이어티 킬드 더 개그 스타'라고 해야 할까? 개그맨의 영웅시대는 지났다. 그렇다고 모든 영웅시대가 다 끝난 것은 아니다. 요즘 PD들에게 강호동과 유재석은 로망이자 절망이라고 한다. '로망'은 그들을 출연시켜 높은 시청률을 기록하는 것이고, '절망'은 그렇게 오른 시청률이 PD가 만든 콘텐츠에서 나온 것인지, 탁월한 MC의 능력에서 나온 것인지 분간하기 어려워졌기 때문이라고 한다. 채널을 어디로 돌리나 그들의 얼굴을 봐야 하는 게 정상적인 상황은 아닌 것 같다. 하지만 그게 어디 그들의 책임이겠는가? ✚

개그맨과 '국민 MC'의 뇌 차이는?

우리는 유재석에게 속고 있다

웃으면 따라 웃고 나중에 웃겼다고 해석하는 과학을 그는 알까

✚ 정재승

세상에는 과학자의 연구를 방해하는 '매혹적인 것들'이 너무 많다. 그중에서도 가장 치명적인 주범 4인방은 술, 골프, 수많은 자문위원회, 그리고 텔레비전. 이 네 가지 유혹에만 견뎌낼 수 있어도 '시간이 부족해' 연구를 못하는 일은 없다.

다행히 내 경우에는 알코올 속 아세트알데히드를 분해하는 효소가 없어 술이 몸에 받지 않고, 골프는 '무서워서' 시작할 엄두를 못 내는 상황. 재미와 보람을 주는 몇몇 자문위원회를 제외하고는 수많은 자문위원 유혹도 대부분 거절하고 있는 상태다. 그러다 보니 가장 강적은 역시 텔레비전이다. 연구실에서 퇴근해 집에 돌아오면 밤 11시가 조금 넘을 무렵. 화려한 게스트들로 무장한 토크쇼들이 즐비한 밤 11시 시간대와 자정을 넘긴 마감 뉴스를 피할 수만 있으면 '7시간 숙면'이 가능해진다.

웃음 가뭄이 들지 않게 하는 전전두엽

다행히 요즘 드라마는 대부분 '막장'이라 흥미를 잃은 지 오래고, 주말 저녁 시간대를 점령해버린 '리얼 버라이어티쇼'도 내 취향은 아닌지라(내가 왜 연예인들이 자기네끼리 노는 걸 구경해야 한단 말인가!), '토크쇼'만 잘 견디면 된다. 그러나 그게 쉽지만은 않다. 걸출한 게스트들의 솔직한 얘기에는 누구나 귀가 솔깃한 법이니까(하나 더! IP-TV 덕분에 인기가요 프로그램에서 '2NE1'의 노래를 반복해서 듣는 것과 〈지붕 뚫고 하이킥〉을 보는 것도 요즘 내가 빠져 있는 '시간 죽이기'다).

텔레비전이라고는 '토크쇼'만 이따금 보는 내게 '틀면 나오는' 수도꼭지 연예인은 단연 유재석과 강호동이다. 〈놀러와〉, 〈야심만만〉, 〈황금어장〉의 '무릎팍 도사', 〈해피투게더〉. 대한민국 국민들은 월 수목 주중 사흘을 이들 얼굴을 본 뒤 잠자리에 들어야 하니, 그야말로 '국민 MC'라는 말이 실감 난다.

유재석과 강호동의 장수 인기 비결이 둘의 대조적인 성격과 함께 언론에 종종 회자된다. 강호동은 강력한 에너지와 카리스마로 무대를 장악하는 스타일. 초대 손님에게 기를 불어넣고 윽박지르다시피 하며 그들의 능력을 120퍼센트 발휘하도록 하는 능력이 있다. 반면 유재석은 자신을 낮추고 초대 손님을 높이는 겸손한 스타일. 여러 출연자들에게 고루 말할 기회를 주며 배려하는 성품이 그의 인기 비결이라고 동료들은 한데 입을 모은다.

그런데 내가 보기엔 유재석과 강호동에겐 공통점이 더 많다. 먼저 그들을 이야기할 때 빼놓아선 안 될 요소가 단연 '재치와 유머'

다. 뭐니 뭐니 해도 그들은 재미있다. 미국 로체스터 의대 신경방사선과 딘 시바타Dean K. Shibata 교수 연구 팀에 따르면, 유머를 만들어내는 뇌 영역은 이마 바로 뒤에 위치한 '전전두엽'이라고 한다. 아마도 유재석과 강호동은 이 영역이 각별히 발달한 것 같다. 썰렁한 분위기를 재치 있게 넘겨 토크쇼 내내 '웃음 가뭄'이 들지 않게 하는 것. 웃음 소나기가 끊이지 않고 이어져 '웃음 홍수'가 되게 하는 것. 초대 손님이 준비해온 에피소드를 '웃음 폭풍'으로 증폭하는 능력. 유재석과 강호동에겐 이렇게 '토크쇼의 기상 상태'를 조절할 수 있는 능력이 있다.

뭐니 뭐니 해도 유재석과 강호동에게 가장 탁월한 능력은 '공감 능력empathy'이다. 그들은 초대 손님의 말에 호응하며 마치 내가 겪은 것처럼 웃어준다. 그런 밝고 환한 웃음 앞에서 '쭈뼛거릴 게스트'가 누가 있겠는가? 공감해주는 친구 앞에서 솔직하게 털어놓지 않을 '모진 사람'이 누가 있겠는가? 그런 점에서 이들은 공감을 주로 담당하는 측두엽의 거울 뉴런도 꽤 발달한 모양이다(이것이 바로 〈개그콘서트〉 개그맨들과 유재석의 차이다). 거울 뉴런mirror neuron이란 내가 직접 행동하지 않더라도 '남들이 하는 것을 보기만 해도' 활동하는 신경세포로, 상대방의 심정을 마치 내가 겪은 것처럼 느끼게도 해준다.

가장 호감을 주는 웃음은 하이톤

실제로 잘 대꾸해주고 웃어주는 것은 여럿이 모인 자리에서 각별히

ⓒ 연합뉴스

중요하다. 대화 상대에게 웃어주면서 호감을 표시하면 대화 자체가 즐거워 더욱 웃는 것이지, 농담을 주고받아야만 웃음이 넘치는 건 아니라는 얘기다. 이것은 토크쇼에도 그대로 적용된다. 한번 마음 먹고 토크쇼의 대화를 종이에 적어보시라. 재미있는 농담이나 에피소드가 차지하는 비율은 생각보다 훨씬 적다.

그럼에도 유재석이 크게 웃으면 시청자들도 따라 웃게 된다. 게다가 유재석의 웃음은 타인의 웃음을 부르는 '하이톤 웃음'이 아닌가! 밴더빌트 대학교 심리학과 조 앤 바코로프스키Jo-Anne Bachorowski 교수는 남녀 피험자들에게 다양한 웃음소리를 들려주면서 '가장 호감을 주는 웃음'을 조사한 적이 있다. 조용하고 가벼운 웃음소리에서부터 발을 구르고 뒤로 넘어가는 박장대소까지 다양한 웃음소리를 들려준 후, 그중 사귀고 싶은 사람의 웃음소리는 어떤 스타일이냐고 물어본 것이다. 그 결과, 노래를 하는 듯한 하이톤의 여성 웃음소리에서 모든 사람이 큰 호감을 느꼈다고 한다(코를 킁킁거리면서 웃는 폭소나 소리가 넘어갈 정도의 큰 웃음은 남녀 누구에게도 매력적이지 않았다). 유재석의 매력은 그의 하이톤 웃음 속에 있다.

어떤 신경과학자들은 우리 뇌에는 남이 웃으면 따라 웃게 만드는 웃음 감지 영역laughter detector이 측두엽 근처에 있어 쉽게 따라 웃게 된다고 한다. 게다가 사람들은 일단 웃고 나면 나중에 그때 재미있어서 웃었다고 스스로 해석하는 경향까지 있으니, 우리 모두는 지금 유재석에게 속고 있는 것일지도 모른다!

프린스턴 대학교 사회학과 교수 비비아나 젤라이저Viviana A. Zelizer 교수는 저서 《친밀성의 거래The purchase of intimacy》에서 현대사회에서 '친밀감의 경제적 가치'를 분석한 바 있다. 이 책에 따르면, 친밀감은 가족이나 결혼 관계처럼 법적으로 규정해주는 경우도 있지만 매춘을 하는 경우나 육아 도우미, 간호사, 호스피스 등 현대사회에선 친밀감이 경제적 효과를 창출하는 경우도 많다고 지적하면서, 그 경제적 가치가 대단하다고 주장한다.

그런데 유재석과 강호동을 보면서도 다른 측면에서 '친밀감의 경제적 가치'를 실감하게 된다. 지석진·김한석·김용만, 박수홍 등 어려운 시절을 함께 보낸 개그맨 동료들뿐만 아니라, 박명수·정형돈 등 〈무한도전〉 동료들, 이효리·윤종신 등 〈패밀리가 떴다〉 가족들, 그들과의 우정이 프로그램 곳곳에 묻어나면서 다양한 방식으로 유재석의 'MC로서의 가치'를 높이고 있다(물론 강호동도 마찬가지다).

강호동은 아저씨, 유재석은 아줌마

냉정하게 봤을 때, 토크쇼나 버라이어티쇼에서 유재석이 동료들을 배려하는 것만은 아니다(흔히들 이 점을 강호동과 유재석의 가장 큰 차이점이라고 말하지만). 유재석도 종종 상대방의 단점을 드러내는 '공격적인 유머'를 구사한다. 그럼에도 그런 그의 행동이 크게 튀지 않는 이유는 그가 구박하는 대상이 박명수, 정준하, 노홍철, 길, 이하늘 등 '욕먹는 캐릭터'를 표방한 연예인들이라는 데 있다.

오히려 유재석과 강호동의 더 큰 차이점은 그들의 '말하는 스타일'이다. 강호동이 '남성적 말하기'를 구사한다면, 유재석은 아줌마 스타일의 '여성적 말하기'를 구사한다는 것. 강호동이 출연자들을 압도하고 지배하려는 언어를 사용하는 반면, 유재석은 출연자들과 한데 어울려 수다스럽게 화기애애한 분위기를 유도하는 언어를 쓴다는 점이 다르다.

유재석과 강호동에겐 역경을 딛고 '국민 MC' 자리까지 올라오게 한 자신들만의 '성공 스토리'가 있다. 카메라 앞에만 서면 말도 더듬거리고 춤도 제대로 못 췄던 '무대 밖 연예인', 오랫동안 신동엽·이휘재·남희석 등에게 가려 선배들에게 야단만 맞아야 했던 개그맨, 야동을 즐겨 보고 아나운서를 쫓아다니기만 했던 '찌질한 코미디언'이었던 유재석. 그랬던 그가 자신의 모든 단점을 극복하고 이제는 동료들을 챙겨주고 자연스럽게 유머를 쏟아내며 카메라 앞의 황태자가 됐다. 그가 그토록 원했던 아나운서 아내까지 얻었으니, 이미 그는 그 스스로 '무한도전'이었다. 우리는 날마다 그가 진행하는 토크쇼에서 그의 '인생 역전 드라마'를 보고 있다. ✚

16 ✚ 세컨드 라이프
그곳에서는 정말 다른 인생이 가능할까

'아이디' 하나만으로도 나는 새로워진다.

익명 뒤로 숨다

억압적인 현실을 벗어나게 하는 도구 '아바타'
그러나 누가 뭐래도 가장 강력한 경쟁자는 '퍼스트 라이프'

+ 정재승

몇 년 전 미국에서는 70대 노인이 인터넷에서 스물다섯 살 여성 행세를 하며 중년 남자들과 성적인 채팅을 나누고 선물도 받아 챙기는 등 수년간 이중생활을 하다가 발각된 사건이 언론을 통해 알려졌다. 그의 밤과 낮은 지킬 박사와 하이드처럼 굉장히 달랐다. 평소 이웃들에게 '점잖고 인자한 할아버지'로 통하던 그의 집은 온통 젊은 여성 행세를 하며 얻은 속옷과 보석으로 가득 차 있었다. 노인은 인터넷이라는 익명의 세계에서 '되돌릴 수 없는 젊음'에 대한 로망을 실현한 것이다.

네티즌들이 아이디ID를 얻는 순간 성격이 돌변하듯, 작가는 '필명'을 얻는 순간 새로운 삶이 시작된다. 한때 전남대학교에서 학생들을 가르쳤던 미즈노 슌페이水野俊平 교수는 2004년부터 《사피오》, 《쇼쿤》, 《겐다이코리아》 등 여러 일본 잡지에 '노히라 슈스'라는 필명으로 평소 한국 텔레비전에 비친 모습으로는 상상하기 힘든 글을 싣곤 했다. 그는 두 개의 이름을 오가며 두 개의 국적으로 분열적 삶을 살아온 것이다.

음란서생의 필명, 네티즌의 아이디

영화 〈음란서생〉의 김윤서(한석규 분)는 당대 최고의 문필가로 이름 난 작가이지만, '추월색'이라는 필명 속에 자신을 숨기면서 음란 소설을 쓰기 시작한다. 그에게 필명은 억압적인 현실 굴레에서 벗어나 자신의 욕망에 솔직할 수 있도록 해주는 '익명의 방패막이'다. 〈반칙왕〉의 시나리오 작가이기도 했던 김대우 감독은 '반칙왕' 송강호에게 가면을 씌워주듯 한석규에게 필명 '추월색'과 함께 '안경'을 씌워준다. 그가 안경을 끼고 추월색이 되는 순간, 그의 성적 상상력은 시대를 초월한다.

   이처럼 사람들에겐 자신의 정체성을 찾으려는 욕구와 함께 현재의 정체성에서 벗어나고 싶은 모순적 욕망이 있다. 이 점에 착안해, 미국의 과학소설가 닐 스티븐슨Neal Stephenson은 자신의 SF 소설 《스노 크래시Snow Crash》에서 가상의 나라 '메타버스Metaverse'를 창조하고 그리로 들어가려면 '아바타'라는 가상의 신체를 빌려야만 하는 세상을 기발한 상상력으로 그려내고 있다.

평소 피자 배달부로 살고 있는 주인공 히로는 가상 세계인 메타버스에서 뛰어난 검객이자 해커다. 메타버스 안에서 퍼지고 있는 신종 마약 '스노 크래시'가 가상공간 속 아바타의 주인, 즉 현실 세계에서 사용자의 뇌에 치명적 손상을 입힌다는 사실을 알게 되고 스노 크래시의 실체를 추적하면서 히로는 거대한 배후 세력과 맞닥뜨린다.

사이버 공간에 대한 개념조차 모호하던 시절, 이 독창적인 이야기는 천재 과학자 필립 로즈데일 Philip Rosedale에게 창조적 영감을 준다. 이 소설을 읽는 순간, 그의 뇌 속에는 이미 매트릭스 같은 세상이 통째로 들어서게 됐고, 그는 '필립 린든'이라는 필명으로 '세컨드 라이프 Second Life'라는 3차원 가상 세계를 창조한다.

2003년 린든랩이 처음 선보인 '세컨드 라이프'는 수많은 아바타가 모여 사는 온라인 3차원 가상 세계다. 우리는 그 안에서 나만의 아바타와 이름을 가지고 현실 세계와는 다른 두 번째 삶을 시작할 수 있다. 사용자는 자신이 꿈꾸는 모든 일을 할 수 있으며 새로운 인물을 창조하고 자신이 그 인물이 될 수도 있다. 그 안에서 물건을 만들어 팔 수도 있고, 토지를 소유할 수도 있으며, 그 안에서 통용되는 전자화폐를 현실 화폐로 환전할 수도 있다.

왜 세상이 기대만큼 붐비지 않을까

이 사이트는 처음 만들어지자마자 현실의 정체성에서 벗어나고 싶어 하는 많은 미국인들 사이에서 신드롬을 일으켰다. 학생들과 직장인들은 일과가 끝나고 집으로 돌아가 세컨드 라이프의 주민이 될 수 있는 시간만 기다렸다. 세컨드 라이프를 창조한 린든랩은 21세기 가장 전도유망한 벤처기업으로 떠올랐다. '세컨드 라이프의 조물주'란 별명이 붙은 로즈데일의 목표는 소설《스노 크래시》처럼 '꿈꾸는 모든 것이 이루어지게 한다'는 것이다.

세컨드 라이프가 처음 등장했을 때, 이 기발한 아이디어에 나 역시 찬사를 아끼지 않았으며 필립 로즈데일의 비전이 샘나도록 부러웠다. 그러나 5년이 지난 지금, 세컨드 라이프는 왜 세상의 기대만큼 그다지 붐비지 않는 걸까? 현재 세컨드 라이프에 등록된 가입자는 전 세계적으로 약 1300만 명 정도. 이 중 적극적으로 활동하는 가입자는 수십만 명에 불과하며, 우리나라의 경우에는 이용자가 3~4만 명 선에 머물고 있다. 린든랩의 매출이 꾸준히 늘고 있다고는 하지만, 세상의 기대만큼 폭발적이진 못한 게 현실이다(단언컨대, 세컨드 라이프는 우리나라에서 성공하지 못할 것이다!).

세계에서 가장 앞선 IT 환경에 살고 있는 한국 사용자들을 공략하기에 세컨드 라이프는 문제가 많다. 가상공간 내 커뮤니케이션을 위해 가장 중요한 한글 서비스가 턱없이 미흡하고, 우리나라 사용자들에게 인지적으로 친숙한 환경도 아니다. 게다가 국내 게임산업진흥법은 온라인 게임에서 얻은 유무형 결과물의 환전을 금지하고 있어 세컨드 라이프와 '퍼스트 라이프(First Life : 현실 세계)' 사이의 관계는 계속 논란이 될 전망이다.

세컨드 라이프가 대중적 욕망을 정확히 포착한 매력적인 비즈니스 모델임에도, 사람들이 아직 매력을 느끼지 못하는 이유는 무엇일까? 우선 사람들은 이미 수많은 게시판과 채팅방을 통해 세컨드 라이프적인 삶을 살고 있다. 3차원 사이버 공간과 아바타만 없을 뿐, 세컨드 라이프가 채워줄 욕망을 이미 수많은 게시판 사이에서 풀고 있다. 세컨드 라이프가 사람들을 모으려면 게시판과 채팅방, 블로그 등이 채워줄 수 없는 커뮤니케이션 환경을 제시해야만 한다.

세컨드 라이프의 강력한 경쟁자는 누가 뭐래도 퍼스트 라이프다. 현실 세계에서 할 수 없는 일들이 그곳에선 가능해야 한다. 물건을 사고팔거나 땅을 소유하는 등 또 다른 평범한 일상을 살기 위해 세컨드 라이프에 들어가는 사람은 적을 것이다. 내밀한 욕망의 분출구가 될 수 없다면, 세컨드 라이프의 매력은 떨어질 수밖에 없다 (한동안 통제가 거의 없었던 '세컨드 라이프'도 질서가 무너지면 그 부담이 고스란히 운영자들에게 돌아갈 것으로 판단한 모양인지, 얼마 전 성인물을 통제하기로 했다는 소식을 들었다. '자유분방'과 '창의성'을 중시하는 세컨드 라이프도 점점 '퍼스트 라이프'를 닮아가는 것이다).

'일탈의 꿈'마저 현실로

세컨드 라이프에 존재하는 아바타는 내겐 여전히 '타자'다. 이제는 친숙한 단어가 된 아바타는 분신·화신을 뜻하는 산스크리트어 'avataara'에서 유래했다고는 하지만, 아직은 나를 대신해줄 사이버 공간의 분신으로는 역부족이다. 로즈데일은 어느 과학 저널과 한 인터뷰에서 "앞으로는 아바타가 웹과 웹 사이를 이동할 수 있는 가상공간 이동 프로그램을 IBM과 함께 내놓을 예정"이라고 했다. 지금은 플랫폼이 달라 이동이 불가능하지만, 앞으로는 세컨드 라이프 속 아바타가 네이버나 싸이월드 속으로 돌아다닐 수 있다는 얘기다.

지금까지 우리는 내가 만든 아이디 하나만으로 새로운 인물이 될 수 있었다. 하지만 인터넷을 활보하는 아바타가 나로 인식되려면 각별한 노력이 필요하다. 최근 신경과학자들 사이에선 '내가 나를 인식하는 뇌 영역self-center'이 어디인지 찾느라 분주하다. 내 아바타를 봤을 때 이 뇌 영역이 활성화되는 날이 온다면, 그때부터 세상은 로즈데일 편이 될 것이다!

흔히들 사이버 공간을 '무한한 캔버스이자 창조적인 놀이터'라고 말한다. 우리는 누구나 그곳에서 나에 대한 세상의 모든 기대와 의무, 도덕적 잣대와 법적 심판으로부터 벗어나 '매력적인 일탈'을 꿈꾼다. 설령 그것이 한낮에 꾸는 '나비 꿈'일지라도 말이다. 그러나 현실 세계가 세컨드 라이프와 점점 더 긴밀해지고 있는 오늘날, 안타깝게도 내 '일탈의 꿈'은 점점 더 현실이 되고, 생활이 되고, 그저 꿈이 된다. ✛

사이버 공간에는 중력이 없다

무대리가 과장을 거느리고
'30대 전문대 졸 무직자'가 논객으로 뜨는 세상

+ 진중권

세컨드 라이프의 존재를 알게 된 것은 건축가 문훈을 통해서였다. 이 괴짜 건축가는 건축에 디지털 논리를 도입하는 데 관심이 있었다. 그 방법 중 하나는 건축에 내러티브를 부여하는 것이다. 마치 만화처럼 이어지는 스토리를 가진 작업의 첫 단계는 건물의 스케치로 시작된다. 얼마 뒤 그 가상의 스케치는 육중한 건물이 되어 현실 공간에 나타난다. 건축이 끝나면 건물은 다시 그림 속으로 들어간다. 건물의 바닥에는 이제 해파리 촉수 같은 것들이 돋아나고, 그것으로 공기를 휘저어가며 건물은 하늘로 날아오른다. "어디로 날아가는 겁니까?" "예, 세컨드 라이프 속으로요." 이미 세컨드 라이프에 부지까지 사놓은 그는 거기서 건물을 분양할 작정이라고 했다.

세컨드 라이프 해방군

얼마 전에 어느 외국의 인터넷 신문에서 읽은 기사. 듣자 하니 세컨드 라이프에도 마침내 테러가 발생했단다. 처음에는 그저 몇몇 사이버 산보객flaneur만이 거닐던 이 한가한 가상 세계는 얼마 지나지 않아 전 세계 모든 나라에서 날아온 수백만 가입자가 북적거리는 거대한 대안 세계로 변했다. 현실에서처럼 거기서도 참가자들은 자신이 제작한 가상의 상품을 서로 사고팔고, 기업들 역시 이 가상세계의 잠재적 경제 가치에 주목해 막대한 자금을 투자하기 시작했다. 이렇게 끈끈한 물질적 이해관계가 있는 곳에서는 당연히 정치적 문제도 발생하는 법. 현실에서도 그 정치적 갈등은 종종 테러와 같은 극단적 방식을 취하지 않던가.

자신을 '세컨드 라이프 해방군Second Life Liberation Army'이라 부르는 해커들이 마침내 수백만 세컨드 라이프 주민들을 위해 분연히 일어섰다. 주민들의 참정권과 투표권을 요구하며 이 해방의 전사들은 세컨드 라이프의 개발자이자 지배자인 린든랩을 향해 공격을 시작했다. 사실 세컨드 라이프가 현실이라면, 린든랩은 전제군주나 다름없기 때문이다. 테러는 목표로 삼은 상점에 하얀 공 모양의 폭탄을 터뜨려 그 근처에 있는 아바타들에게 상처를 입히는 식이다. 물론 교란의 시간은 짧고 세컨드 라이프의 아바타들에게도 큰 해를 끼치지는 않는다고 한다. 하지만 테러는 테러. 해방군의 행동 역시 실제 테러처럼 짧고 강력하고 인상적이다.

워낙 흥미로운 사건이니 이러쿵저러쿵 말이 없을 리 없다. 사건을 접한 네티즌들은 테러에 대해 다양한 의견을 쏟아내며 격렬한 논쟁을 벌이기 시작했다. 현실에서처럼 그곳에서도 견해는 좌파와 우파, 진보와 보수라는 정치적 입장에 따라 확연히 갈리는 모양이다. 그 격렬한 논쟁의 주요 흐름을 어느 신문이 아주 깔끔하게 요약했다. "좌파의 시각 : 사이버 공간에 기업의 돈이 들어와서 문제가 생겼다. 우파의 시각 : 사이버 공간에 테러리스트들이 들어와서 문

L'arte di Second life

Stili paralleli Musei che sono la fotocopia di quelli veri, aste e gallerie digitali, un nuovo mercato in concorrenza con quello tradizionale. I tecnocreativi lanciano la sfida. E Firenze prepara una grande mostra.

di **GUIDO CASTELLANO**

Per chi non ne avesse mai sentito parlare, Second life (SI) è un mondo virtuale che oggi conta 13 milioni di residenti. Persone reali che hanno deciso di costruirsi una seconda vita digitale. Gli abitanti di Sl entrano in questo mondo via internet (www.secondlife.com), vivono, camminano e interagiscono attraverso un alter ego virtuale che viene chiamato avatar: un proprio doppio a tre dimensioni fatto di bit. Il divertimento per smanettoni del computer si è trasformato in fenomeno di costume. Un mondo virtuale (la scorsa settimana ha compiuto il quinto compleanno) fatto di case da arredare, negozi da visitare e giornate da vivere. Un posto dove ogni giorno vengono spesi 1 milione e mezzo di dollari reali per comprare beni che esistono solo sullo schermo del pc.

Ma ora in questa realtà parallela sta fiorendo qualcosa di nuovo: l'arte. «Un fe- >

Frank Koolhaas, alias avatar del giornalista e scrittore Mario Gerosa, l'esperto che ha condotto «Panorama» alla scoperta dell'arte su Second life.

제가 생겼다." 하지만 그보다 더 흥미로운 것은 제3의 견해. "자연주의자의 시각 : 사이버 공간에 인간이 들어와서 문제가 생겼다." 맞아, 그곳도 결국은 인간이 사는 곳이지…….

자아를 복수화하라

로비 쿠퍼Robbie Cooper라는 작가가 있다. 그는 세컨드 라이프에 들어오는 아바타의 실제 주인을 추적하는 작업으로 유명하다. 그는 아바타와 실제 주인을 사진으로 병치시켜 보여주는데, 그 두 캐릭터가 서로 흡사한 경우도 많지만 때로는 둘이 너무나 달라 시각적 충격을 던져주기도 한다. 가령 강력한 물리력을 갖춘 로보캅을 아바타로 삼은 사람은 알고 보니 병상에서 인공호흡기를 달고 살아가는 루게릭병 환자였다. 그에게 아바타는 신체의 이상이리라. 세일러복을 입은 아리따운 여고생의 아바타를 입은 사람은 알고 보니 40대의 뚱뚱한 아저씨였다. 그에게 아바타는 아저씨의 신체 깊숙한 곳에 잠재된 또 다른 정체성의 발현이리라.

'정체성identity'이라는 말은 동시에 '동일성'이라는 뜻을 갖고 있다. 현실은 우리에게 오직 하나의 정체성만을 갖도록 강요한다. 예를 들어 남자는 남자로 확인되어야 하고, 여자는 여자로 확인되어야 한다. 이 규칙을 깨고 남자가 여장을 하거나 여자가 남장을 할 경우, 곧바로 '변태'라는 비난을 받는다. 하지만 정신분석학에서 말하듯이 모든 사람에게는 아니마와 아니무스, 즉 남자 속의 여자, 여자 속의 남자가 있다. 다만 그것이 '정체성'의 미시정치 속에서 발현되지 못할 뿐이다. 하지만 세컨드 라이프의 아바타는 한 사람이 다수의 정체성을 갖는 것을 허용한다. 과거의 '내 자신myself'은 세컨드 라이프 속에서 '내 자신들myselves'이 된다.

현실에서는 언제 잘릴지 몰라 노심초사하는 무능한 대리가 퇴근 뒤에는 온라인 게임에 들어가 10만 추종자를 거느린 영주가 될 수 있다. 심지어 현실에서 그토록 자신을 구박하던 과장이 자신의 추종자 속에 들어가 있을 수도 있다. 이 무대리의 탁월한 능력은 현실에서는 발현될 수 없었던 것이고, 온라인 게임이 없었다면 아마 그는 자신이 어떤 재능을 가졌는지도 모르는 채 살다가 죽었을 것이다. 가상 세계가 없었다면 미네르바는 존재할 수 없었을 것이다. 학벌주의로 병든 한국의 현실에서 누가 '30대의 전문대 출신 무직자'의 말을 진지하게 들어주겠는가. 그런 의미에서 세컨드 라이프와 같은 가상 세계는 누구에게나 잠재된 능력의 발현지이기도 하다.

웜홀링

물리적 공간과 달리 사이버 공간에는 중력이 없다. 세컨드 라이프에서 우리는 중력을 이기고 자유로이 날아다닐 수 있다. 가상공간 속에서 우리는 자신의 신체성에 대한 새로운 감각을 갖는다. 세컨드 라이프를 드나들며 우리는 신체화embodiment와 탈신체화disembodiment를 번갈아 체험한다. 그것은 어떤 의미에서 영적 체험을 세속화한 것이기도 하다. 이를테면 세컨드 라이프에서 하늘을 날아다니는 아바타의 이미지는 공교롭게도 17세기 이탈리아에서 갑자기

몸이 하늘로 떠올랐다는 성 주세페의 그림을 닮았다. 하늘을 날기 위해 더 이상 신의 은총이 필요한 것은 아니다. 세컨드 라이프 속에서 우리 모두는 성인聖人이 될 수 있다.

현실의 세계는 하나이지만, 가상의 세계는 여럿일 수 있다. 영국의 미디어 이론가 로이 애스콧 Roy Ascott은 세 개의 'VR'에 대해 얘기한다. 하나는 물리적 법칙이 작용하는 '검증현실 validated reality', 둘째는 디지털 테크놀로지가 만들어내는 '가상현실 virtual reality', 셋째는 식물의 환각 작용을 이용해 입장할 수 있는 '식물현실 vegetable reality'이다. 예를 들어 브라질에서는 환각제를 이용해 또 다른 세계로 넘어가는 것이 일상적인 종교 활동으로 널리 인정되고 있다. 애스콧은 이제 인류는 물리적 신체와 가상적 신체와 환각적 신체를 갈아입으며 한 세계에서 다른 세계, 거기서 또 다른 세계로 자유로이 넘나들 수 있게 됐다고 주장한다.

물리학에서 블랙홀과 화이트홀을 이어주는 통로를 '웜홀'이라 부른다. 웜홀은 두 개의 구멍 밖에 있는 두 개의 우주를 연결하며, 그 사이를 순식간에 이동할 수 있게 해주는 통로인 셈이다. 애스콧은 이 동사를 명사로 만들어, 인간이 검증현실에서 가상현실로, 거기서 식물현실로, 거기서 다시 검증현실로 넘나드는 것을 '웜홀링'이라 부른다. 사회에 요구되는 이상적 인간상은 역사적으로 변화해왔다. 애스콧은 미래의 이상적 인간은 이렇게 여러 세계를 넘나드는 웜홀링 능력으로 규정될 것이라 말한다. 누가 인간을 단 하나의 정체성을 가지고, 단 하나의 세계에 살도록 구금형을 내렸던가.

세컨드 라이프를 만든 린든랩은, 세컨드 라이프 해방군이 주장하듯이, 사이버 공간의 전제군주일지 모른다. ✚

17 ✚ 9시 뉴스
집단 최면의 시간

굿 나잇, 앤 굿 럭

클로징 멘트에 귀 기울여봐

'9시 뉴스'의 정치성
신경민 아나운서의 '클로징 멘트'는 시대의 아이콘으로

+진중권

특별한 것이 없는 한 평소 텔레비전을 즐겨 보지는 않지만, 그나마 시간이 나면 챙겨보는 것이 '9시 뉴스'다. 왜 하필 메인 뉴스를 저녁 9시에 배치하는지는 잘 모르겠지만, 추측건대 퇴근해 집에 들어와 밥 먹고 난 뒤 텔레비전 앞에 앉는 시간이라 그런 것일 터이다. 아침에 신문을 읽고, 저녁에 텔레비전 뉴스를 보는 것은 어떻게 보면 자연스러운 일이다. 그렇잖아도 정신없이 돌아가는 한국이라는 나라에서 전쟁 같은 하루를 보낸 몸. 그 몸에는 종이에 적힌 글자를 읽는 적극적 태도보다는 그냥 눈과 귀를 열어놓고 소파에 누워버리는 소극적 태도가 더 적절하지 않겠는가.

편파적이라 시청률이 하락했다?

굳이 5공 시절의 '땡전 뉴스'를 거론하지 않아도, 텔레비전 뉴스가 정치적 화제로 떠오르는 것은 매우 불행한 일이다. 특정 성향의 독자 집단을 가진 신문과 달리 공중파 방송은 정치·이념·연령의 차

이를 넘어 온 국민을 시청자로 끌어안아야 한다. 그래서 주관적 입장을 강력하고 뚜렷하게 드러내기가 힘들다. 물론 방송 뉴스도 보도와 논평을 통해 충분히 색채를 드러낼 수 있고, 사람에 따라 그것을 편파적이라 느낄 수 있겠지만, 그 편파성이라는 것도 애초에 신문 매체의 기사나 칼럼, 혹은 사설에는 비할 바가 못 된다.

9시 뉴스가 정치적 공격 대상이 된 것은 사실 지난 정권에서 발생하기 시작한 현상이다. 그것은 방송 뉴스가 신문을 견제하는 구실을 했기 때문이다. 누구나 알다시피 한국의 신문 시장은 보수 매체가 점유율 60퍼센트 이상을 기록하는 비정상적인 상황이다. 그 때문에 사회적 의제가 왜곡되는 경우가 허다했다. 이때 방송 뉴스와 PD 저널리즘이 나서 어느 정도 균형을 맞춰주었고, 여기에 불만을 품은 보수 신문들은 툭하면 지면을 통해 방송을 공격하곤 했다. 그때마다 보수 매체들이 방송이 편파적이라며 근거로 들이대곤 하는 것이 바로 시청률 하락이다.

하지만 뉴스 시청률은 방송의 공정성·객관성과는 그다지 관계가 없어 보인다. 방송 3사 모두 메인 뉴스의 시청률은 점점 줄어드는 추세다. 10년 전만 해도 메인 뉴스의 시청률은 20퍼센트 안팎이었으나, 최근에는 방송 3사 모두 10퍼센트 안팎으로 내려앉았다. 거의 절반이 꺾인 셈인데, 이는 한국만이 아니라 세계적 현상이라고 한다. 케이블 채널과 인터넷 뉴스가 늘어난 것이 그 원인이라고 한다. 이것이 장기적 추세라면, 뉴스 시청률의 일시적 증감은 한국의 경우 뉴스 자체의 논조보다는 그 앞에 방영되는 드라마의 시청률에 휘둘린다고 할 수 있다.

그런 식으로 따지자면, 떨어지는 것은 방송 뉴스의 시청률만이 아니다. 신문 매체의 구독률은 경영 압박을 느낄 정도로 극적 하락을 기록하고 있지 않은가. 이 역시 신문의 논조에서 비롯되는 것이 아니라, 매체 환경의 변화에 기인한 현상으로 봐야 할 것이다.

방송 뉴스의 시청률은 하락해도, 그것의 중요성은 줄어들지 않은 모양이다. 문화부 자료를 보니, 4년 전과 다름없이 국민의 50퍼센트 이상이 정치에 대한 정보를 방송에서 얻는다고 대답했다. 신문의 경우 그 비율이 20퍼센트대에서 10퍼센트대로 떨어졌다. 신문의 비중을 잡아먹은 것은 물론 인터넷이다.

덕분에 생긴 〈뉴스데스크〉 마니아층

최근에 9시 뉴스가 다시 논란의 대상이 되었다. KBS 〈뉴스9〉는 낙하산 사장을 앉힌 뒤 어조가 달라져, 가끔 공영방송이 아닌 국영방송을 보는 듯하다. KBS 뉴스도 대법관 전자우편 파동처럼 가끔 한 건씩 터뜨리기도 하지만, 정권의 정책을 홍보하는 듯한 보도는 늘어난 반면 정권에서 싫어할 만한 뉴스의 비중이 줄어든 것은 사실이다. 그런 것들은 마지못해 뉴스의 마지막 부분에 중요하지 않은 보도들에 섞어 대충 내보낸다는 느낌이다. 그러고 보니 사장이 바뀌고 나서 기자들이 고생한다는 얘기를 어디선가 언뜻 들은 것 같다.

반면 MBC 〈뉴스데스크〉는 관변단체와 방송통신심의위원회의 협공을 받고 있다. 정권의 친위대 노릇을 하는 얼치기 관변단체에서 MBC 뉴스의 논조에 시비를 걸면, 새로이 검열 기관으로 떠오른 방통심의위에서 그 민원(?)을 받아 처리해주는 식이다. 요즘은 자고 나면 듣는 소리가 '징계'니, '사과 명령'이니 하는 소리다. 심지어 앵커가 입고 나온 옷 색깔이 검다는 것까지 시비를 거는 상황이니, 이들의 물어뜯기가 어느 정도인지 짐작할 수 있다. 그뿐인가? MB의 완장부대 문화체육관광부가 가세하고, 다른 이해관계를 가진 조·중·동이 지원사격을 한다.

하지만 바로 그 덕분에 MBC 〈뉴스데스크〉에는 갑자기 마니아층이 생겨버렸다. 지난해 크리스마스이브의 일이다. 그날 나는 어느 잡지사 기자의 집에서 포도주를 마시는 중이었다. 한 잔, 두 잔, 술이 좀 들어가서 얘기할 만한 분위기가 됐는데, 주인장이 갑자기 텔레비전을 튼다. 좌장이 손님들과 얘기를 안 하고 텔레비전을 보겠다지 않은가. 할 수 없이 덩달아 뉴스를 보는 그 뻘쭘함이란. 그런데 주인장은 뉴스 자체보다는 클로징 멘트를 기다렸던 모양이다. 마지막으로 앵커가 기다렸던 클로징 멘트 한마디를 하자 외쳤다. "와, 신경민 앵커다."

예전에 9시 뉴스의 클로징 멘트는 아무 특징 없는 텅 빈 덕담에 불과했다. 하지만 신경민·박혜진 앵커는 촌철살인의 멘트로 9시 뉴

스에 새롭게 '캐릭터'를 창조했다. 어느 영화 잡지에 실린 칼럼의 제목이 인상적이다. '클로징 멘트에 귀 기울여봐.' 툭하면 9시 뉴스를 방통심의위에 고발하는 어느 '듣보잡'과 거기에 화답해 징계를 남발해대는 방통심의위원장을 관객으로 초대하여, 〈굿 나잇, 앤 굿 럭〉이라는 영화를 보여주고 싶다는 내용이다. 그 영화에는 방송인 에드워드 머로가 조지프 매카시 의원에게 날리는 클로징 멘트가 나온다.

"매카시 의원이 이 상황을 창조한 건 아니다. 그는 쉽게, 그러나 꽤 성공적으로 이 상황을 이용했을 뿐이다. 카시우스가 옳았다. '문제는, 브루투스여, 우리의 운명이 아니라 우리 자신 속에 있었던 거라네.' 굿 나잇, 앤 굿 럭."

'굿 나잇, 앤 굿 럭'은 한국말로 옮기면, "시청자 여러분, 안녕히 계십시오" 정도가 될 것이다. 실제로 과거에 우리나라 방송 뉴스의 클로징 멘트는 딱 요 수준에 그쳤다. 하지만 그것은 클로징 멘트가 아니라 그저 인사말이라 해야 할 것이다. 진정한 의미의 클로징 멘트는 앵커의 시각을 드러내는, 인사말 앞에 붙은 짤막한 논평이다. 하지만 그것이 MB 정권이 지배하는 한국에서는 졸지에 징계의 대상이 된다. 물론 선무당이 무서워 입을 닫을 신경민 앵커가 아니다. 사법 파동과 관련해서는 이런 멘트를 날렸다.

"몰아주기 배당에서 시작해 재판 개입 사실이 잇따라 나왔지만 보도하는 언론과 거의 보도하지 않는 언론으로 나뉘어 있습니다. 급기야는 일부 판사들의 조직적 사법부 파괴 공작이라는 평가까지 나오면서 비판적 판사와 언론을 빨간 색깔로 물들였습니다. 미디어법과 용산 참사에 이어서 법원 사태에서도 사실 그 자체를 눈감는 저널리즘이 오늘 횡행하고 있습니다. 월요일 〈뉴스데스크〉 마치겠습니다. 여러분, 고맙습니다."

짤막한 논평이 졸지에 징계 대상으로

신경민·박혜진 앵커에게서 우리가 보는 것은 새로운 유형의 앵커다. 아니, 앵커는 원래 이래야 하는 거 아닌가. 풍자와 패러디가 담긴 촌철살인으로 그들은 '클로징 멘트'라는 것을 이 시대의 문화적 아이콘으로 만들어놓았다. 평소 뉴스를 볼 때는 리모컨 버튼을 눌러 두 방송사 사이를 오락가락하는 편이다. 뉴스가 재미없으면 채널이 아예 케이블 방송으로 날아가기도 한다. 하지만 언제부터더라? 뉴스가 끝나갈 때쯤에는 구천을 헤매던 채널이 여지없이 MBC 9시 뉴스로 고정된다. 앞에서 인용한 칼럼의 제목처럼, 여러분도 '클로징 멘트에 귀 기울여봐'. ✚

왜 메인 뉴스는 9시에 하는 걸까?

과학자의 '애증의 연인'

왜 과학자는 인터뷰 때마다 책장 앞에서 별로 전문적이지도 않은 발언을 하는 걸까

+ 정재승

"왜 방송사의 메인 뉴스는 주로 9시에 할까요?" 몇 해 전 어떤 학생이 내게 뜬금없이 던진 질문이다(그걸 왜 나한테 물어보니?). 그 학생에겐 이 질문이 꽤나 과학적인 질문이라고 생각됐던 모양이다. 혹시 밤 9시가 '인간의 생체 리듬이 뉴스를 가장 잘 받아들이는 시간'이라도 되는 걸까? 밤 9시가 단기기억을 장기기억으로 넘기는 우리 뇌 속 해마Hippocampus가 제일 잘 작동한다거나, 세상을 이해하는 전전두엽이 가장 활성화되는 시간이라도 되는 걸까?

어린이의 시간, 어른의 시간

9시 뉴스가 메인 뉴스가 된 가장 그럴듯한 근거는 '직장인의 일주기 생활 패턴 가설'이다. 텔레비전 뉴스를 주로 보는 시청자층은 중장년의 남자들. 그들이 하루 일과를 마치고 퇴근해서 집에 와 씻고 텔레비전 앞에 앉기까지 가장 빈도수가 높은 시간대가 밤 9시라는 주장이다. 일찍 퇴근하는 문화가 정착된 미국이나 영국은 메인 뉴스를 오후 6시에 하는 걸 보면, 우리나라 직장인을 고려한 시간 배치라는 주장이 설득력을 가진다. 그것이 일 때문이든, 술 때문이든.

두 번째 가설은 '시간 고정관념 이론'이다. 처음에 각 방송사들이 특별한 이유 없이 '밤 9시'에 메인 뉴스를 편성했는데, 오랜 시간이 지나고 나니 이제 메인 뉴스에 가장 '적절한' 시간이 '인지적으로' 밤 9시가 됐다는 가설이다. SBS가 '한 시간 빠른 9시 뉴스'라는 '상대성이론' 같은 표현으로 메인 뉴스 시간대를 8시로 앞당기고, YTN이 메인 뉴스를 10시에 내보내고 있지만, 그래도 우리 인식 속에 '메인 뉴스는 역시 9시'가 자리 잡은 걸 보면 그럴 수도 있겠다 싶다.

아무도 믿진 않겠지만 내가 가장 좋아하는 가설은 '집단 최면설'이다. 밤 9시만 되면 시보와 함께, "이제 어린이는 잠자리에 들 시간입니다. 활기찬 내일을 위해 일찍 자고 일찍 일어나는 착한 어린이가 됩시다"라는 내용의 주문을 몽롱한 음악과 함께 틀어주던 시절이 있었다. 덕분에 밤 9시는 어린이의 시간과 어른의 시간을 양분하는 중요한 분기점이 됐다.

집단 최면에 걸린 우리 어른들에게 9시는 밤의 시간, 어른의 시간, 뉴스의 시간이다. 밤 9시에 자지 않고 뉴스를 즐겨 보는 것! 이것이야말로 우리가 '나이 먹은 인간'이라는 더없이 확실한 증거다. 액션영화와 공포영화를 방불케 하는 사건·사고 소식과 역사 드라마를 초월하는 음모와 계략의 정치 뉴스들. 그리고 음성변조된 목소리와 뿌연 모자이크가 난무하는 음란한 화면들. 어른이 되면 이런 뉴스를 보며 애처럼 흥분하기도 하고 학생처럼 쓰디쓴 세상을 배우기도 한다(그러면 밤 11시 즈음 장동건이 '맥주'를 마시라고 광고를 한다).

다른 나라는 어떨까? 캐나다처럼 밤 11시에 메인 뉴스를 하는 나라도 있다(물론 그런 나라들은 대개 오후 6시에 이미 주요 뉴스를 내보낸다). 미국 CNN이 메인 뉴스를 내보내는 황금 시간대는 밤 10시부터 12시(동부 시간). 이 시간에 잘생긴 앵커 앤더슨 쿠퍼$^{Anderson\ Cooper}$가 멋진 발음으로 전 세계 소식을 전하고, 화제의 인물을 인터뷰한다. 그러니 메인 뉴스는 9시에 해야 한다는 선입견은 우리만의 것이라는 사실을 잊지 마시길.

'전문가 인터뷰'의 비밀

과학자들 중에는 9시 뉴스에 나가고 싶어 하는 이들이 생각보다 많다. 콧대 높은 9시 뉴스가 그 귀한 1분을 과학자들에게 할애해줄 때가 있는데, 이를 위해 과학자들은 보도자료를 만들어 돌리고 기자들 앞에서 실험을 재연해가며 온갖 쇼를 해야 한다. 학생이 다했던 실험도 이 순간만큼은 지도교수가 직접 실험 벤치에 앉아 현미경을 들여다보고, 팀장이 마치 자기 혼자 제품을 개발한 것인 양 그들의 특허가 얼마나 비싼지 얘기한다.

그들이 자존심을 구겨가며 이런 짓을 하는 것은 인정할 수밖에 없는 '9시 뉴스 효과' 때문이다. 〈결정 맛대맛〉 프로그램에 나간 사진으로 벽면을 도배하는 음식점 주인의 심정으로, 과학자들도 9시 뉴스에 나갔던 자료를 동영상으로 만들어 결과 발표를 하고, 벤처 투자를 이끌어내며, 다음 연구비를 지원받고자 노력한다. 몇 년간 진행했던 연구 프로젝트의 결과 평가 날짜가 다가오면, 연구 책임자들은 방송국 기자들을 불러 모을 묘책을 고심한다.

과학자들이 자신의 연구 업적으로만 '9시 뉴스'에 나가는 것은 아니다. 9시 뉴스에 양념처럼 빠지지 않고 등장하는 것이 있으니, 이름 하여 '전문가 인터뷰'다. 취재 내용과 관련해서 해당 분야 전문가들이 한마디씩 코멘트를 해주는 장면인데, 과학기술과 관련된 이슈가 있을 때면 어김없이 과학자들이 9시 뉴스에 얼굴을 비친다.

많은 과학자가 전문가 인터뷰를 하지만, 내용은 달라도 거기에는 몇 가지 상투적인 공통점이 있다. 우선 그 배경이 하나같이 책이 많이 꽂혀 있는 '책장 앞'이거나 실험실 안이라는 점이다. 전문가 냄새가 팍팍 풍기도록 하려는 속셈일 텐데, 진짜 코미디는 꽂혀 있는 책들이 별로 전문적이지 않다는 것이다(나처럼 '전문가 인터뷰'를 볼 때 과학자들의 코멘트보다 꽂혀 있는 책들을 유심히 보는 사람에겐 쏠쏠한 재미를 준다). 입고 있는 옷도 하나같이 조작의 티가 난다. 의사는 환자를 보는 것도 아닌데 흰 가운을 입고 있고, 과학자는 평소 실험할 때는 잘 입지도 않던 실험 가운을 걸치고 실험 장비 앞에 서서 인터뷰를 한다(대개 인터뷰를 하는 교수나 책임연구원들은 평소에 실험 가운을 입을 일이 없다!).

취재 기자가 선호하는 인터뷰 대상자는 '편집하기 좋게' 핵심만 짧게 표현하는 사람이다. 개중 늘어지게 얘기하거나 느리게 말하는 사람도 간혹 등장하는데, 이 경우 영락없이 마무리도 제대로 못한 채 코멘트 중간에 화면이 확 바뀌는 굴욕을 당해야 한다.

또 다른 특징은 전문가들이 대개 카메라를 보고 말하지 않고 그 옆에 앉아 있는 PD를 보며 인터뷰를 한다는 점이다. 카메라를 똑바로 보고 얘기하면 자연스럽지 못하고 오히려 거부감이 든다는 것이 기자들의 중론인데, 졸지에 시청자들은 전문가의 얘기를 '엿듣는' 형국이 되어버린다.

9시 뉴스, 과학자들이 고독한 시간

'전문가 인터뷰'의 가장 큰 문제는 막상 내용이 별로 전문적이지 않다는 데 있다. 인터뷰를 15분이나 찍어도 방송에는 가장 평범한 코멘트가 나간다. 그것은 기자가 과학자의 전문적인 식견을 들으려고 인터뷰를 하는 것이 아니라, 기자가 해도 될 말을 전문가의 입을 빌려 기사에 권위를 싣고자 인터뷰를 하기 때문이다. 전문가 인터뷰는 결국 이미 짜여 있는 취재 내용에 '구색 맞추기'라고나 할까?

뉴스란 중요하고 새롭고 사람들의 관심을 끌 만한 소식을 말한다. 과학자들이 만들어내는 연구들은 모두 새로운 것이며 중요한 것도 많은데, 9시 뉴스가 과학에 아직 관심의 촉수를 안 뻗은 것을 보면 '과학 뉴스'는 아직 사람들의 관심을 끌 만한 소식이 아닌 모양이다. 광우병이나 줄기세포 정도는 되어야 사람들이 관심을 가져줄 텐데, 그것은 과학자들에게 트라우마라 건드리기만 해도 아프다.

과학자들에게 9시 뉴스는 애증의 연인이다. 한 시간 가까이 진행되는 9시 뉴스는 정치인들이 싸우는 얘기, 절망적인 경제 수치들, 사회에서 벌어진 각종 흉악한 범죄들로 가득 채워진다. 그 안에 과학자들이 치열하게 보낸 하루는 어디에도 없다. 9시 뉴스는 과학자들의 연구 성과가 정치인들의 말 한마디, 그날 있었던 스포츠 경기 스코어보다 더 하찮게 여겨지는 세상에 살고 있다는 사실을 과학자들에게 일깨워주는 고독한 시간이다. ✢

18 + 레고

작게 쪼갤수록 무한 확장하는 상상력

레고 왕국을 이루는 네 가지

R G B Y

20세기 모더니즘의 유물

지난 50년간 공대생들이 배우고 취직해서 해오던 일

➕ 정재승

유럽 사람들이 가끔 하는 농담 중에 "아빠가 된다는 것은 레고 블록이 여섯 살짜리 어린이의 소화기관을 관통할 수 있다는 사실을 배우게 되는 것"이라는 게 있다. 어린아이를 키우는 집이라면 공감할 만한 농담이다. 철없는 애들이 혹여 블록을 삼킬까 봐 걱정했던 경험을 아빠라면 한 번쯤 가지고 있을 테니까(엄마는 항상 걱정 중!).

생명체의 네 가지 블록처럼

1958년 1월 28일, 덴마크의 목수 고트프리트 키르크 크리스티안센 Godtfred Kirk Christiansen이 블록을 서로 맞물리는 조립형 완구에 대한 특허를 제출하고 나무 블록을 처음 만든 이래, 레고는 지난 50년간 어린이들에게 '가장 유익한 장난감'으로 사랑받아왔다. 소니 플레이스테이션과 닌텐도 게임기가 아이들의 쾌락중추를 사로잡고 있는 오늘날에도 단순한 블록들의 조합으로 무한대의 상상력을 실현할 수 있다는 레고의 매력은 여전히 유효하다. '창의성의 아이콘'이 된

레고는 어른들이 어린이들에게 가장 사주고 싶은 장난감 1순위의 권좌에 오른 지 오래다(전 세계 레고 동호회나 클럽에서 보듯, 레고의 열렬한 팬들 중엔 어른이 많다. 산악인 허영호 씨는 1987년 에베레스트 등정을 기념해 눈 속에 레고 블록을 남기고 오기도 했다).

레고Lego는 덴마크어로 '레그 고트leg godt', 그러니까 '잘 논다play well'라는 뜻이다. 2006년 통계에 따르면, 세계에서 여섯 번째로 큰 완구업체인 레고 그룹은 매년 블록 190억 개를 만들어(이 정도면 지표면을 다섯 번이나 덮을 수 있는 양이다!) 1초에 일곱 박스씩 팔고 있으며, 전 세계 어린이 4억 명(과 많은 어른)이 레고 블록을 쌓고 부수는 데 매년 50억 시간을 보내고 있다고 한다.

생명체가 아데닌(A), 구아닌(G), 시토신(C), 티민(T)이라는 네 가지 DNA 블록이 발현된 아미노산으로 이루어져 있듯이, '어린이들의 천국' 레고 왕국은 빨간색(R), 초록색(G), 파란색(B), 노란색(Y)의 플라스틱 블록으로 이루어져 있다. 레고 블록으로 나만의 왕국을 건설하는 동안, 어린이들은 저마다 '창조자의 절대권력'을 경험하게 된다. 내 맘대로 창조하고 내 맘대로 부수니, 레고는 인간이 만든 모

더니즘 세상의 인공원자인 셈이다('레고의 역사'에 관한 문헌에 따르면, 중세 유럽의 건축가들은 교회나 성당을 짓기 전에 나무나 돌 블록으로 건축 모형을 만들어 건축주에게 보여주며 토의했다고 한다. 그것이 '레고의 기원'이라나!).

레고 블록으로 근사한 건축물을 쌓는 동안, 아이들은 "여럿이 모이면 달라진다 More is different"라는 복잡계 과학의 핵심 메시지를 자연스레 배우게 된다. 레고의 단순한 블록이나 막대, 톱니바퀴 어디에도 최종 구조물의 형상에 대한 힌트는 전혀 없다. 그저 블록이

쌓이고 모여야 새로운 건축물이 '창발'되는 것이다. 복잡계 네트워크의 중요성을 설파하는 레고 그룹의 본사가 환원주의와 양자역학의 진원지인 덴마크 코펜하겐에 위치해 있다는 사실은 과학자에게 아이러니하게 보인다!

단순한 레고 블록들이 복잡한 구조물을 만들어낼 수 있는 가장 중요한 원인은 맞물리는 구멍의 위치다. 일렬로 단순하게 연결만 할 수 있는 구조였다면, 레고는 2차원, 3차원 구조물로 발전하지 못했을 것이다. 맞물리는 구멍의 개수와 위치가 다양해지면서, 구조물에 갈래치기 bifurcation가 생기고 그것이 '어린이들의 레고 왕국'을 점점 더 화려하고 근사한 세상으로, 혹은 '자연의 왕국'을 닮아가게 진화시킨 것이다.

미국 어린이가 좋아하지 않는 이유

레고 블록이라는 인공원소들로 '창조자의 마음'을 시뮬레이션 하는 어린이들은 그 과정에서 과연 무엇을 배우게 될까? 네트워크에 관한 통찰력을 몸으로 체득하게 됐을까? 안타깝게도 그러지는 못하는 것 같다. 그들은 레고 쌓기 놀이를 통해 점점 '20세기 산업사회에 필요한 엔지니어링 마인드'를 얻게 된다. 아무것도 없는 거실 바닥에 매뉴얼에 따라 틀을 쌓고 안을 채우는 '레고 블록 쌓기'는 지난 50년간 공대생들이 학부 때 배우고, 회사에 취직해 늘 해오던 일이었다. 다시 말해, 레고는 '20세기' 어린이들에게 더없이 좋은 장난감이었던 것이다.

프랑스의 심리학자 클로테르 라파이유Clotaire Rapaille가 쓴《컬처코드》에 따르면, 레고는 독일로 수출하는 자신들의 완구 제품에 '상세한 조립법'을 담은 설명서(매뉴얼)를 넣어 팔았는데, 판매는 대성공이었다고 한다. 그러나 미국에선 매뉴얼이 담긴 레고 시리즈가 고전을 면치 못했다. 유달리 질서를 강조하는 문화적 전통에서 자란 독일 어린이들은 설명서에서 지시하는 대로 조립만 하면 자동차가 되고 우주선이 되는 레고에 열광했지만, '자유와 개척 정신'이 더 중요했던 미국 어린이들에겐 조립 설명서가 풀어야 할 숙제처럼 부담스러웠다는 것이다.

그렇다면 21세기형 창조적 사고를 북돋우려면 필요한 새로운 장난감은 과연 어떤 것일까? 레고는 21세기에도 여전히 유효한 전략일까? 새로운 세기에 발맞춰, 레고는 PC와 연결해 작동하는 '레고 마인드스톰Mindstorm'을 출시했다. '로봇 개발 키트'의 일종인 '레고 마인드스톰'은 프로그램이 가능한 컨트롤러들이 블록 안에 들어 있어, 아이들이 '조립한 블록'을 마음대로 조종할 수 있게 만들어놓았다. '트랜스포머의 장난감 버전'이라고나 할까?

컴퓨터로 조종되는 '레고 마인드스톰'은 아마도 과학교육 현장에서 활용될 가능성이 높다. 미국의 학교들은 '레고 마인드스톰'을 과학 교재로 수업 시간에 활용하고자 시범 사업을 하고 있는데, 시연에 참가한 학생들이 "학교에서 쓰기엔 너무 재미있다"라는 평을 내놓을 정도로 마인드스톰은 인기가 높다. 저명한 신경과학자인 수전 그린필드Susan Greenfield의 말처럼, 미래의 교실은 놀이터를 방불케 될지도 모르겠다.

조각하는 톱다운식 장난감 'OGEL'은 어떤가

그러나 나 같은 21세기 부모들이 아이들에게 사주고 싶은 장난감은 레고가 아니라 '오겔OGEL'이다. 조립해 쌓는 레고와 함께, '깎고 조각하는' 톱다운top-down식 장난감을 나란히 가지고 놀게 해주고 싶은 것이다('OGEL'은 'LEGO'를 거꾸로 쓴 조어다. 상표로 쓰고 싶은 분은 연락주세요!). 작은 블록에서 세상을 쌓아가는 분석적 사고와 함께, 큰 밑그림에서 세부적으로 내려가는 시스템적 사고도 다음 세대에겐 꼭 필요하기 때문이다. 그런 점에서 마인드스톰은 20세기 레고의 대안으로 여전히 부족하다.

세상에서 가장 창의적인 장난감은 '쓰레기 더미와 자연'이다. 잘 갖추어진 장난감을 가지고 노는 아이들보다 장난감이 하나도 없어 장난감을 '만들어서' 노는 아이들이 실제로는 창의적이라는 연구 결과는 장난감에 대한 새로운 시각을 제공한다(실제로 가장 창조적인 사람들은 레고를 조립하며 노는 어린이가 아니라, 레고 회사에서 '장난감'을 만드는 기술자들이다!). 라면 박스로 자동차를 만들고 나뭇가지를 꺾어 집을 짓고 놀던 옛날 어린이들이 '레고 시리즈' 풀세트를 가지고 노는 어린이들보다 더 21세기적이다. +

레고 앞에 앉은 아이는
무한한 잠재성의 세계 앞에 있는 것이다.

레고의 '비결정적' 원자론

만드는 사람 앞엔 무한한 잠재성의 세계가, 그리고 결국은 사라질 운명의 사바세계가

+ 진중권

아비로서 내가 아들에게 제공하는 유일한 교육은 플라스틱 모델을 조립하는 일이다. 엄마와 독일에 머물고 있는 아이가 방학을 맞아 한국에 오면, 서울 용산 전자랜드의 취미 코너에서 플라스틱 모델을 사서 선물한다. 손의 모토릭^{motorik}이 발달하지 못해 혼자 할 수 없는 대목에 이르면, 큰 소리로 "아빠!"를 부른다. 설명서를 보며 모델을 조립하는 것은 그 나이에 결코 쉽지 않은 일일 것이다. 2차원 도형을 3차원 입체로 해석하느라 그 조그만 머리가 얼마나 바쁠까? 아무튼 손과 머리를 훈련시키는 데 플라스틱 모델만 한 교재는 없다.

컴퓨터 게임을 닮은 실시간 인터랙션 건축

그런데 정작 물어보니 플라스틱 모델보다 레고가 더 재미있단다. 왜 그러냐고 했더니, 플라스틱 모델은 한 번 조립하면 끝이지만, 레고는 조립했던 것을 다시 해체해 또 다른 형태를 만들 수 있기 때문이란다. 그러고 보니 녀석이 서너 살 아기 때부터 레고에 환장했다는 사실이 떠오른다. 엄마가 슈퍼마켓에서 계산대에 서면, 어느 구석에선가 큼직한 레고 박스를 들고 와 컨베이어 벨트 위에 떡하니 올려놓아 엄마를 당황하게 만들곤 했으니까. 비싸긴 또 얼마나 비싼가…….

돈? 아이는 욕망의 실현에 따르는 이 고질적 문제에 대한 솔루션을 갖고 있다. 엄마 지갑 속의 카드. 그놈을 기계에 대고 한 번만 그으면 된다. 카드로 그은 금액은 고스란히 은행에 청구되고, 은행은 집으로 청구서를 보내고, 그러면 아빠가 그 돈을 채워 넣어야 한다는 복잡한 사정은 어차피 비가시의 영역. 전자화폐의 추상성이 그 돈을 벌어야 하는 아빠의 구체적 노동을 사라지게 만들어, 꼬마의 눈에는 레고를 박스째로 쏟아내는 잠재성을 가진 마법의 카드만이 보일 뿐. 오 내 팔자여…….

레고가 워낙 비싸다 보니, 언젠가 엄마가 벼룩시장에서 값싼 모조 블록을 사다 준 모양이다. 하지만 아이는 그것을 구석에 처박아 놓고는 거들떠보지도 않는다. 왜 그러나 하고 직접 조립을 해보니 역시 싼 맛 그대로 어딘지 허술하다. 겨우 조립을 했는데, 술술 빠져버린다. 레고 블록은 2마이크로미터(1마이크로미터는 1000분의 1밀리미터)의 오차 범위 내에서 제작되어, 끼우고 빼는 데 일정한 클러치 파워를 유지한다. 겉모습은 모방해도 이 제작의 정교함만은 흉내 낼 수 없었나 보다. 블록을 끼우거나 뺄 때 손에 느껴지는 촉감도 레고의 쾌락에 속한다.

아이는 블록을 이리저리 바꿔 끼워보다가, 가장 마음에 드는 형태를 찾으면 다음 단계로 나아간다. 그 녀석의 머릿속에 대체 무슨 이미지가 들어 있을까 상상하며 보는 것도 재미있다. 레고 조립에

열중할 때, 꼬마는 건축가가 된다. 하지만 레고 조립은 건축과 다르다. 건축에서는 개념화conceptualization와 실현realization이 시간적·공간적으로 분리되어 있지만, 레고 건축가는 그런 분리를 모른다. 관념은 현장에서 곧바로 실현된다. 그런 의미에서 레고는 컴퓨터 게임을 닮은 실시간 인터랙션 건축이라 할 수 있다.

이 조그만 미니어처의 세계가 현실 공간에 커다란 사이즈로 존재한다는 얘기를 어디서 들었나 보다. 기어이 엄마를 졸라 '레고 랜드'에 다녀와 어른 크기만 한 레고 인형 옆에서 찍은 사진을 보내왔다. 물론 꼬마를 현실의 세계에서 레고 블록으로 지어진 세계 속으로 옮겨놓는 이 공간 이동의 마법도 실은 아빠가 지불할 카드가 부린 것이다. 레고에 빠진 아이에게는 세계 전체가 레고 블록처럼 보일까? 뭔가 만들려고 작정했다면, 머릿속에서 그것을 레고 모듈로 번역해야 할 것이다.

에코가 말한 '열린 예술 작품'

우리 꼬마가 지적했듯이, 레고의 매력은 역시 원자론적 원리에 있다. 데모크리토스 원자론(만물의 근원은 더 이상 쪼개지지 않는 입자로 구성되어 있다)은 매우 매력적인 학설이다. 세상에 존재하는 모든 다양한 사물이 결국은 원자들의 상이한 배열의 결과라는 얘기. 이는 철학의 근본 문제에 대한 경제적이면서도 매우 미학적인 솔루션이다. 고대에 이런 발상이 나왔다는 것 자체가 내게는 놀랍게 여겨진다. 원자와 원자, 분자와 분자가 결합해 다양한 물질과 사물이 만들어지듯이, 블록과 블록이 결합해 눈앞에서 다양한 세계가 펼쳐진다. 이 얼마나 매력적인가.

레고 블록은 일종의 소프트웨어다. 그것은 레고 디자이너들이 짜낸 프로그래밍이다. 해적선, 로마군단, 체스판, 소방대 등 출시되는 레고 시리즈의 주제는 다양하다. 하지만 아이들은 그것으로 포장에 그려진 이미지를 그대로 재현하는 게 아니다. 디자이너들이 프로그래밍 한 그 소프트웨어 내에서 아이들은 다양한 변주를 만들어낼 줄 안다. 거기서 그치는 게 아니다. 나아가 해적선과 로마군단을 합치는 식으로 소프트웨어와 소프트웨어를 결합시켜 저만의 장면을 연출하기도 하고, 거기에 레고가 아닌 다른 장난감들을 결합시키기도 한다.

그런 의미에서 레고는 에코가 말한 '열린 예술 작품'이다. 플라스틱 모델의 조립은 결국 디자이너가 고안한 형태를 그대로 재연하는 데 그 본질이 있다. 조립에 들어갈 때부터 실현해야 할 최종적 형태가 결정되어 있는 셈이다. 하지만 레고 블록 앞에 앉은 아이는 아직 결정되지 않은 무한한 잠재성의 세계 앞에 앉아 있는 것이다. **레고 블록이 만들어낼 세계는 아이의 머릿속에 들어 있다. 아니, 머릿속에서 이제 막 자라나고 있다. 그것은 수많은 결단과 망설임을 동반하며 아이의 손끝에서 형성되어갈 것이다.**

언젠가 티베트의 수도승들이 좁쌀만 한 색 모래로 만다라를 그리는 것을 본 적이 있다. 마치 컴퓨터그래픽을 만드는 장인이 픽셀을 하나하나 조작해 이미지를 만들어나가듯이, 이 티베트의 승려들은 허리를 굽히고 앉은 불편한 자세로 아주 오랜 시간에 걸쳐 모래알 하나하나를 옮겨 이미지를 완성해갔다. 이 역시 원자론적인

이미지라 할 수 있다. 500만 픽셀 이상을 넘어가면 디지털의 불연속을 지각할 수 없듯이, 그렇게 완성된 그림은 모래로 그린 것이라고는 도저히 믿을 수 없을 정도로 정교하고 선명했다.

좁쌀로 그린 만다라와 레고 수도승

하지만 정작 나를 소름 끼치게 한 사건은 그 다음에 벌어졌다. 그렇게 공들여 그린 그림을 한순간에 손으로 휘저어 지워버리는 것이 아닌가. 두어 번 손으로 휘저으니 그 화려한 이미지는 사라지고, 바닥에는 어지럽게 섞여 짙은 회색빛으로 변한 모래만이 남는다. 그 어떤 미련도 남기지 않는 이 단호함 앞에서 나는 감히 범접할 수 없는 어떤 숭고함을 느꼈다. 그들도 거기에 올 때까지 수많은 사연이 있었을 터, 세속의 질긴 인연도 그들은 그렇게 단호하게 끊어버렸을까.

우리 꼬마에게서도 비슷한 감정을 느낀 적이 있다. 어느 날 아이가 너무나 정교한 도시의 모형을 만들었다. 너무나 잘 만들어서 사진으로라도 박아놓고 싶은 심정이었다. 정말 잘 만들었다고 칭찬을 해주려던 찰나, 아이가 그 모형을 사정없이 해체해버리는 게 아닌가. "으악, 안 돼!" 불가의 가르침에 따르면 어차피 사바세계는 덧없는 가상의 세계. 레고 블록으로 지은 사바세계도 꼬마에게는 그렇게 덧없는 것일까. 이 작은 레고 수도승을 바라보며, 나는 성불하려면 아직 멀었다는 생각이 들었다. 무슨 미련이 그렇게 많은지……. ✚

19 + 위키피디아
사이버 민주주의를 실험하다

거대한 '세계의 책'

민중은 스스로 가르치고, 스스로 배운다

문자 이전의 구술문학처럼 공동 작업의 산물, 계몽주의가 목표로 삼았던 민주주의의 궁극적 완성

+ 진중권

백과사전은 계몽의 산물이다. '백과전서파'라는 명칭에서 알 수 있 듯이 백과사전은 계몽주의자들이 가장 심혈을 기울여 추진했던 사업이다. 계몽의 본질은 말할 필요도 없이 모든 시민에게 문자를 읽고 쓰는 능력을 부여하는 데 있었다. 이 '문맹 퇴치' 프로젝트는 물론 근대 민주주의의 성립에 필수불가결한 조건이었다. 어느 시대에나 권력은 정보를 저장하고 전달하는 매체를 독점한 자들의 것이다. 하지만 민주주의는 자기가 자기를 통치하는 제도. 따라서 민주주의가 가능하려면, 모든 국민이 정보의 저장 및 전달 수단인 문자를 읽고 쓸 줄 알아야 한다.

놀라워라, 저자성을 포기한 개인들

네트워크가 깔리면 그 위로 콘텐츠가 흘러야 하듯이, 문자 능력을 갖추게 되면 뭔가 그것으로 읽을거리가 필요해진다. 계몽주의자들이 백과사전 편찬에 그토록 열을 올렸던 것은 이와 관련이 있다. 그

들은 세계에 관한 모든 정보를 문자로 옮겨 기록해두려 했다. 이 거대한 '세계의 책'을 편찬함으로써 그들은 민중에게 자연을 지배하고 사회를 통치하는 데 필요한 정보를 빠짐없이 제공하려 했던 것이다. 그런 의미에서 '백과사전'은 문자문화의 총아로, 인민권력의 상징이라 할 수 있다. 오래된 격언을 미셸 푸코Michel Paul Foucault가 재해석한 대로, 아는 것(=지식)은 힘(=권력)이 아닌가?

내가 어렸을 때만 해도, 웬만한 집에는 책 장수들의 성화와 설득에 넘어가 월부로 구입한 백과사전이 있었다. 우리 집에도 한 질이 있었고, 수준이 얼마나 높았는지는 기억이 안 나지만, 호기심 많은 소년의 궁금증을 풀어줄 정도는 됐다. 사전에 모르는 낱말이 나오면 또다시 사전을 찾으며 지식의 미로 속을 헤매다 보면, 또래 아이들 사이에서는 제법 똑똑한 축에 속하게 된다. 몸에 이상한 변화가 일어나기 시작하는 사춘기 때는 성적 호기심에 끌려 남녀의 특정 신체기관을 가리키는 야한(?) 단어들을 찾아 읽느라 시간 가는 줄을 몰랐다.

그 많던 백과사전들은 다 어디로 갔을까? 이제 백과사전은 도서관에나 가야 겨우 볼 수 있는 것이 되어버렸다. 왜 그렇게 됐을까? 그것은 정보 전달의 주요한 수단이 텍스트에서 이미지와 사운드로 바뀐 데서 비롯된 것으로 보인다. 하지만 글을 써서 먹고살아야 하는 먹물에게는 여전히 백과사전이 필요하다. 특히 세상의 거의 모든 주제에 대해 글을 써야 하는 칼럼니스트에게는 더욱더 그렇다. 게다가 요즘은 전문 영역에서조차 '지식의 통섭'이니 뭐니 해서 전공 외의 많은 것을 넓게 아는 것이 요구되고 있다. 어떻게 해야 할까? 바로 그때 등장한 것이 '위키피디아'다.

위키피디아의 성공은 놀라운 일이다. 누가 이름 없이 남들을 위해 자신의 지식을 체계적으로 정리하는 수고를 마다하지 않겠는가? 게다가 그 글은 다른 사람의 손에 수정되거나 삭제될 수도 있지 않은가? 위키피디아는 디지털 시대의 백과사전이다. 어떤 의미에서 위키피디아는 문자 이전의 구술문학에 가깝다. 가령 《오디세이Odyssey》는 호메로스Homeros라는 한 개인의 작품이 아니라, 대대로 그 시를 음송해 후대에 전달해준 수많은 시인의 공동 작업의 산물이 아니던가. 디지털과 더불어 찾아온 새로운 구술문화에서도 개인으로서 갖는 저자성authorship은 포기된다.

영국의 어느 교수는 요즘 학생들이 보고서를 쓸 때 옥스퍼드 사전 대신에 위키피디아를 참조한다고 한탄한다. 물론 위키피디아는 검증된 저자들이 집필한 사전에 비해 깊이나 정확성, 혹은 신뢰도가 떨어질지 모른다. 하지만 그런 한계의 이면에는 백과사전이 갖지 못한 장점도 있다. 가령 인쇄된 백과사전의 지식이 다소간 과거의 것이라면, 전자의 형태로 존재하는 **위키피디아의 지식에는 실시간으로 업데이트 되는 생생함이 있다.** 게다가 수많은 사람의 협력으로 개인적 저자의 한계를 뛰어넘는 '집단지성'을 구현할 수도 있다.

논리보다 '포스'가 더 중요한 구술성 사회

하지만 위키피디아의 가장 중요한 의의는 다른 데 있다. 과거의 백과사전은 필자와 독자의 신분적 구별 위에 서 있었다. 이 관계에서는 유식한 지식인이 무식한 민중을 깨우치는 일방적 '계몽'만이 있을 뿐이다. 하지만 위키피디아는 필자와 독자의 이 신분제를 무너뜨렸다. 거기서는 독자가 필자가 된다. 계몽주의가 민주주의 프로젝트의 일환이었고, 민주주의가 자기가 자신을 다스리는 '자치'의 이념이라면, 위키피디아는 이 계몽주의가 목표로 삼았던 민주주의의 궁극적 완성이라 할 수 있다. 이제 민중은 스스로 가르치고, 스스로 배운다.

우리나라에서는 위키피디아가 그리 큰 힘을 발휘하지 못하고 있다. 이는 한국 사회에 강하게 남아 있는 구술문화의 습속 때문일 것이다. 서구의 경우 16세기 구텐베르크 인쇄술, 17세기 합리주의와 경험주의, 18~19세기의 계몽주의로 이어지는 탄탄한 문자문화의 전통을 갖고 있다. 그러다 보니 또다시 인터넷이라는 새로운 구술적 상황에서도 문자문화의 합리성이 그대로 살아남아 디지털 구술성과 성공적으로 융합할 수 있었던 것이다. 위키피디아는, 한마디로, 문자문화의 총아(백과사전)가 디지털 구술문화의 옷을 입고 새로 탄생한 것이다.

한국은 경우가 다르다. 대다수 사회 성원이 문자를 읽고 쓰는 시대로 접어든 지 불과 몇십 년밖에 안 됐다. 이렇게 문자문화의 전통이 짧다 보니, 구술문화의 습속이 사회에 강하게 남아 있을 수밖에 없다. 이런 사회에서 인터넷의 사용은 정보적이라기보다는 친교적이다. 정보 대신에 반감이나 교감이 흐르고, 논리보다는 '포스'가 더 중시되는 것은 구술성이 강한 사회의 특성이다. 한마디로 한국 사회는 문자문화 이전의 구술적 습속이 디지털 구술매체를 만나 그대로 굳어버린 경우에 속한다. 서구와 한국의 이 차이는 지식 검색에도 반영된다.

예를 들어 위키피디아를 보자. 그것은 1인칭(필자)·3인칭(주제)의 고독한 기록의 관계 위에 서 있다. 반면 네이버 지식iN을 보자. 그것은 철저히 1·2인칭의 대화 패러다임 위에 구축된다. 누군가 "이것 좀 가르쳐주세요. 가르쳐주시는 분, 내공 드립니다"라고 올리면, 누군가 거기에 답글을 단다. 그중에는 어쩌고저쩌고 한참 늘어놓고는 "근데 솔직히 잘 모르겠네요"라고 글을 맺는 이들도 있다. 그래도 당신을 돕고는 싶었다는 친교적 제스처다. 오가는 정보 역시 생활 밀착적인 것들이다. "동교동 근처의 맛집 좀 가르쳐주세요."

오마이뉴스가 일본에서 잘 안 되고, 싸이월드가 미국에서 잘 안 되는 데는 이유가 있다. 한국에서 잘되는 게임이 미국에서는 잘 안 되고, 미국에서 잘되는 세컨드 라이프가 한국에서 잘 안 되는 데도 다 이유가 있다. '컬처 코드'라고 하던가? 디지털 테크놀로지에서도 기술 못지않게 중요한 것이 바로 그 기술을 사용하는 사회의 문화적 습속의 층위다. 사실 한국의 인터넷 인프라가 이렇게 발달할 수 있었던 것도 실은 그 구술적 습속 덕분이었다. 강한 구술문화의 습속이 첨단 기술이 제공하는 디지털 구술문화의 상황을 만났으니,

얼마나 신나는 일인가?

행운의 이면, 치러야 할 대가

하지만 이 행운의 이면에는 당연히 치러야 할 대가가 있다. 문자문화의 합리성을 강화해야 할 시기에 인터넷이라는 막강한 구술매체가 등장함으로써, 감성과 정서가 과잉한 상태가 그대로 지속되는 상황에 도달했기 때문이다. 그 결과 중 하나가 바로 한국에서 위키피디아가 그다지 힘을 발휘하지 못하는 상황이다. 위키피디아가 21세기를 이끌어갈 대중지성의 가장 강력한 발현 형태라고 할 때, 위키피디아의 부진은 안타까운 일이 아닐 수 없다. ✚

Wiki?

1. 하와이 원주민어 '빠르다'
2. What I know of it 이것에 관해 내가 아는 것

과학자들, '집단지성' 광장에 내몰리다

혁신에 굶주린 기업에 단비 같은 위키식 기술 시장,
기초과학 연구 지원은 줄어들고 치열한 경쟁이 시작되는 건 아닌가

+ 정재승

1904년 미국 세인트루이스에서 열린 세계만국박람회 때 있었던 일이다. 날마다 수만 명의 인파가 몰리다 보니, 박람회장 안에선 전시관뿐만 아니라 카페테리아와 길거리 노점상까지도 사람들로 넘쳐났다. 그러다 보니, 아이스크림을 담을 컵이 금세 동이 나 아이스크림을 더 이상 팔지 못하는 아이스크림 가게들이 종종 생겨났다.

이 광경을 지켜보던 옆집 와플 가게 주인이 아이스크림 가게 주인에게 제안을 하나 한다. 우리 집 와플을 원추형으로 둥글게 말아 아이스크림을 담을 수 있도록 해줄 테니, '와플 콘 아이스크림'을 같이 팔자고! 이렇게 해서 '와플 콘 아이스크림'은 1904년 세인트루이스 세계만국박람회가 인류에게 남긴 가장 큰 유산이 됐다.

2001년 31개, 2009년 1000만 개

여러 사람들이 함께 문제를 해결하고, 서로 의견을 공유하며, 각자 자신이 가진 것을 기여하며 참여하고, 서로 보완하는 정신. 이것이

바로 '집단지성collective intelligence'의 핵심이다.

우리가 구글에서 키워드를 입력하면 구글은 사람들이 가장 많이 찾은 웹사이트들을 검색해 '가장 유용한 정보'라고 알려주는 것, 리누스 토발즈Linus Torvalds가 마이크로소프트에 대적할 만한 OS인 '리눅스LINUX'의 프로그램 초판을 공개해 수많은 소프트웨어 마니아가 수정하고 개선하게 해 믿을 만한 프로그램으로 진화시킨 것, '미디어몽구' 같은 개인 미디어가 역사의 현장을 찾아다니며 인터뷰를 하고 대중매체가 포착하지 못한 '역사의 이면'을 동영상으로 담아내는 것, 크레이그스리스트Craigslist나 아이러브스쿨iloveschool처럼 다른 사람들에게 유용한 개인 정보를 공유하거나 인간관계를 돈독히 해주는 사이트들, 이것이 바로 집단지성의 예다.

그중에서도 가장 극적으로 집단지성의 힘을 보여준 사례는 단연 '위키피디아'다. 누구나 한 번쯤 위키피디아를 사용한 경험이 있겠지만, '위키'가 무슨 뜻인지는 의외로 잘 알려져 있지 않다. 위키Wiki란 하와이 원주민어로 '빠르다'라는 뜻이며, 'What I know of it(이것에 관해 내가 아는 것)'의 머리글자를 딴 말이다. 위키피디아의 기원은 지미 웨일스Jimmy Wales와 래리 생어Larry Sanger가 무료 온라인 백과사전 뉴피디아Nupedia를 만들었던 20세기 말로 거슬러 올라간다. 당시만 해도 뉴피디아는 누구나 특정 항목에 대한 내용을 제출할 수 있도록 하되, 전문 편집자들이 내용을 검토해 최종 결정을 하는 방식으로 운영됐다. 그러다가 누구나 웹페이지에 접속하면 편집에 직접 참여할 수 있는 '위키'와 접목해 위키피디아가 탄생한 것은 2001년 1월 15일이다.

그때부터 위키피디아는 상상을 초월하는 고속 성장을 거듭한다.

2001년 1월 위키피디아가 처음 시작됐을 때만 해도 이 무료 백과사전에 들어 있는 단어는 겨우 31개. 그러나 그 후 인터넷 사용자들의 자발적인 참여를 통해 각종 언어로 표현된 항목의 합계는 2007년 600만 개를 넘어섰고, 2009년 현재 1000만 단어를 돌파했다. 위키피디아는 '자발적 참여가 무엇인지'를 보여주는 단적인 예다.

위키피디아의 사용률 또한 브리태니커를 크게 앞지른다. 사이트 이용자 수의 비율을 추적 계산한 결과에 따르면, 2007년 3월 브리태니커 온라인 백과사전의 이용자 비율은 0.03퍼센트인 데 반해 위키피디아는 5.87퍼센트로 무려 195배나 더 높다. 방문자 수를 기준으로 한 웹사이트 순위에서도 위키피디아가 11위에 오른 데 반해 브리태니커 백과사전은 4449위에 머물렀다.

위키피디아에 대한 인터넷 사용자들의 애정 또한 유달리 깊다. 지미 웨일스가 위키피디아 프로젝트에 투자한 금액은 대략 5억 원 정도다. 하지만 《집단지성이란 무엇인가》의 저자 찰스 리드비터 Charles Leadbeater에 따르면, 일반인들이 위키피디아 재단에 기부하는 금액은 갈수록 늘어나 현재 20억 원을 넘어섰다고 한다.

나 같은 복잡계를 연구하는 과학자가 보기에 위키피디아는 '복잡계 네트워크complex network의 승리'라고 해석할 수 있다. 사람들이 자발적으로 참여하는 위키피디아의 성장은 전형적인 자기조직화 시스템self-organized system의 발로다. 서로 쉽게 연결되고 모이면 새로운 형질이 창발되는 복잡계 시스템의 특징이 급속도로 성장하는 위키피디아를 탄생하게 만든 것이다.

아마추어가 발급한 무료승차권?

그러나 위키피디아에 대한 비판이 없는 것은 아니다. 이 무료 백과사전에 쏟아지는 칭찬과 비난은 언뜻 엇비슷한 수준으로 보인다. '협업을 통한 창조성과 집단지성이 이룬 기적'이라며 상찬을 아끼지 않는 예찬론자도 많지만, 누구나 제멋대로 지식에 접근할 수 있도록 허용해 '지식의 권위'를 떨어뜨렸다는 비판론자도 만만찮다. 비판론자들에 따르면, 위키피디아는 '아마추어들이 전문가들의 자리를 대신하기 위해 발급한 무료승차권'이라는 얘기다.

위키피디아가 가장 공격받는 대목은 '검증되지 못한 품질'이다. 비판론자들은 비전문가들이 작성했으며 쉽게 수정할 수 있는 위키피디아는 정확도가 많이 낮다고 주장한다. 그렇다면 정말 위키피디아는 양적으로는 크게 성장했지만 '품질' 면에서는 문제가 많을까?

영국의 저명한 과학 저널 《네이처》는 전문적인 검토자들에게 42개의 똑같은 항목에 대해 위키피디아와 브리태니커 백과사전의 설명을 비교해달라고 요청했다. 그 결과, 검토자들은 사실 기록 오류와 누락, 그리고 잘못된 설명에 대해 위키피디아에서는 162건, 브리태니커에서는 123건을 찾아냈다. 이처럼 위키피디아는 완벽하지 않다. 출판사들이 실수를 하듯, 위키피디아도 실수를 한다. 그러나 《네이처》는 위키피디아와 브리태니커의 정확도가 "크게 다르지 않다"라고 결론을 내렸다.

웹 2.0 시대인 오늘날, 위키피디아의 미래는 밝게만 보인다. 더 크게 성장할 것이며, 더 많은 사용자가 위키피디아를 찾을 것이다. 그러나 위키피디아가 소중한 이유는 다음 세대에게 "공유할수록 서로 부유해진다"라는 인생의 놀라운 진실을 가르쳐주었다는 데 있다. 위키피디아는 우리들에게 지식을 운반해주었을 뿐만 아니라, 참여와 공유의 습관을 가르치고, 그 중요성을 일깨워주었다.

그러나 '위키피디아'를 바라보는 과학자의 마음이 마냥 편한 것만은 아니다. 벌써부터 집단지성이 상업적으로 물들어 가고 있기 때문이다. 과학기술 연구개발 분야에서 '웹 2.0 시대의 화두'인 집단지성의 바람이 분 것은 20세기 초 무렵이다.

제약업계 거물인 미국의 엘리 릴리^{Eli Lilly} 사는 2001년 아주 독특한 전자상거래 벤처기업을 만들었다. 이노센티브(www.innocentive.com)라는 이름의 이 회사 사이트에 들어가면 기업은 익명으로 답을 필요로 하는 과학기술 문제를 올릴 수 있다. 그리고 이 문제의 해결방안을 올리는 과학자는 500만 원에서 1억 원까지 기업으로부터 현금으로 보상을 받는다.

이 꿈같은 '짝짓기 시스템'은 아직 해결되지 않은 과학기술 문제와 이 문제에 대한 전문적인 해결사를 연결해줌으로써 회사들이 전 세계 과학 공동체의 인재들을 활용할 수 있도록 도와준다. 이노센티브에는 현재 보잉, 듀폰, 노바티스 등 《포춘》지가 선정한 500대 기업 중 35개 기업이 참여하고 있으며, 이노센티브에 등록된 과학자만도 175개국에서 9만여 명에 이른다. 이 사이트는 현재 제약이나 화학·생물학·식품공학 등에 치중해 있지만, 다른 분야에서 과학자들의 미다스의 손을 구하는 사이트들도 점점 늘어나고 있다.

컨설팅 전문가이자 《위키노믹스Wikinomics》의 저자 돈 탭스코트Don Tapscott와 앤서니 윌리엄스Anthony D. Williams는 기업들이 전 세계에 흩어져 있는 유능한 인재를 찾아내 난해한 문제에 새로운 아이디어를 구하는 혁명적인 시장에 주목했다. 그들은 이러한 시장을 '이데아고라Ideagoras'라고 부른다. 고대 아테네 시민들의 정치 및 상업의 중심지였던 아테네 시민광장 아고라처럼, 저자는 '이데아고라'가 과학기술의 중심이 되리라 믿고 있다. 이 현대판 아고라는 혁신에 굶주린 회사들을 위해 전 세계로부터 아이디어와 발명품, 그리고 과학적인 전문 지식을 끌어 모으고 있다. 우리나라 정부가 만든 퇴직 과학기술자의 벤처기업 자문 시스템이 20세기 정부 주도형 방식이라면, 이데아고라는 21세기형 자발적 네트워크 방식의 짝짓기 시스템인 셈이다.

기업에서 제시한 연구 과제와 과학자를 연결해주는 이 혁명적인 시장을 통해 기업들은 앞으로 내부적으로는 핵심 인재를 키우면서 동시에 외부적으로 보완적인 아이디어를 구할 수 있다. 이제 기업들은 세계가 곧 자신들의 연구개발부서가 될 것이다. 이제 폐쇄적이고 단선적인 회사 내 연구·개발 풍토는 이데아고라로 인해 큰 변화를 겪을 것이다.

과학자들이 광산의 카나리아가 된다면

그러나 과학자의 한 사람으로서, 앞으로 점점 과학자들이 안정적인 연구 터전을 잃고 이데아고라라는 '외로운 경쟁의 광장'에 내몰리는 것은 아닌가 하여 염려스럽다. 게다가 과학기술은 이제 너무 빠른 속도로 진화하고 있어 대기업조차도 더 이상 제품에 관련된 기초 분야들을 모두 연구할 수가 없다. 이제 대기업들은 기초과학 연구 지원을 줄이고 이데아고라에서 그 해답을 찾으려 하진 않을까?

'광산의 카나리아'라는 표현이 있다. 예전 광부들이 갱도에 들어갈 때 유독가스에 민감한 카나리아를 함께 데리고 들어갔다는 데서 유래한 이 표현은 '산업 전반에 불어 닥친 혁명의 첫 번째 희생자'를 의미한다. 아마도 과학자들이 광산의 카나리아가 된다면, 그 후에는 수많은 직장인이 그 뒤를 이을 것이다. 위키피디아 시대에 '광산의 카나리아'는 웹 2.0과 집단지성에 적응하지 못하는 기업만은 아니라는 얘기다. ✛

20 + 파울 클레
예술의 경계가 무너지다

Klee

색을 소리처럼 사용해 그림으로 연주하다.

초끈 이론을 캔버스에

파울 클레, '음악적 미술'이라는 난제를 구현하다

+ 정재승

내가 아는 한 신경생물학자는 원숭이의 시각피질에 전극을 꽂은 후 다양한 자극을 보여주면서 신경세포의 반응을 측정하는 연구를 하는데, 그는 종종 파울 클레Paul Klee의 동물 그림을 시각 자극으로 사용하곤 했다. 원숭이도 현대미술에 대한 형이상학적 이해가 있다는 것을 증명하고 싶었던 것일까? 어느 날 그는 나와 점심을 같이 먹으면서 파울 클레의 작품 중 최고는 〈지저귀는 기계Twittering machine〉라고 알려주었다. 이유는? '원숭이도 흥분하게 한 명작'이라나!

내가 아는 한 면역학자는 파울 클레가 말년에 5년간 앓았던 경피증이 그의 작품에 어떤 영향을 미쳤는지를 연구하고 있다. 피부경화증이라고도 불리는 경피증은 피부결합섬유가 팽팽해져서 피부가 점점 딱딱해지는 피부 질환을 말한다. 클레는 팔다리가 저리고 후끈거리다가 점점 피부가 딱딱해지는 증세에 시달렸다. 나중에는 가슴에 부종이 생기고 얼굴 피부도 딱딱해지면서 표정을 짓는 데 어려움을 호소하기도 했다. 이런 신체 변화는 그의 작품 세계에 영향을 미치기 마련인데, 이 면역학자는 〈고가다리의 혁명Revolution of the Viaduct〉을 포함해 클레가 남긴 말년의 작품들이 그토록 훌륭할 수

있었던 것은 "유머러스하고 즉흥적이었던 그가 질병을 통해 좀 더 진지하고 심오한 세계관을 가질 수 있었기 때문"이라고 설명한다.

천체물리학자들에게 창조적 영감을

스위스에서 태어난 독일인 화가 파울 클레는 20세기 현대미술에서 가장 영향력 있는 작가다. 음악을 먼저 공부했지만 뒤늦게 미술을 접하면서 음악이나 여행을 통해 얻은 창조적 영감을 유머러스한 데생과 단순화된 수채화 형태로 표현하곤 했다. "선이란 점이 떠나는 산책이다"라고 할 정도로 즉흥성을 강조했던 그였지만, 한때 바우하우스의 미술 이론 교수가 되어 학생들을 가르치기도 했다.

'21세기를 전망하게 하는 아이콘'으로 파울 클레를 꼽은 데는 그가 바실리 칸딘스키Vasilii Kandinskii와 함께 나를 현대미술의 매력에 홀딱 빠지게 한 작가라는 개인적인 사연 때문만은 아니다. 하나는 그가 자연과 우주, 그리고 과학에 오랜 관심을 가진 작가라는 데 있

〈지저귀는 기계〉, 1922년

고, 다른 하나는 그가 시도했던 음악적인 미술, 다시 말해 '음악과 미술의 결합'이 앞으로 21세기의 중요한 예술적 화두가 될 것이기 때문이다.

초끈 이론을 캔버스에

부모의 바람대로 학교에서 바이올린을 배웠던 파울 클레는 졸업을 앞두고 진로를 '회화'로 바꾼다. 데생에 남다른 재능을 보였던 그는 그림에 몰입한 후에도 오랫동안 음악을 회화적으로 표현하는 데 열정을 바쳤다. 〈인벤션Invention〉 연작이나 〈팀파니 연주자Kettledrummer〉 등 음악과 관련된 주제와 형식으로 끊임없이 작품 활동을 했다.

그래선지 클레의 우주적 공간에는 리듬과 화음, 그리고 멜로디가 가장 기본적인 구성요소로 자리 잡고 있다. 그중 〈우주적 구상 Cosmic Composition〉은 천체물리학자들에게 창조적 영감을 주기에 충분한 작품이다. 화가의 본령이 독창적인 회화 언어를 사용해 사물의 본질을 화폭에 담아내는 것이라면, 클레의 〈우주적 구상〉에는 21세기 입자물리학자들이 찾아낸 '우주의 본질'이 캔버스에 고스란히 담겨 있기 때문이다.

우주의 구성입자와 그들 사이의 상호작용을 탐구하던 입자물리학자들은 상대성이론의 거시적 연속성과 양자역학의 미시적 불연속성 사이에 존재하는 모순을 해결하고자 20세기 말 '대담한 가설' 하나를 세운다. 이 우주가 11차원(혹은 26차원!)으로 구성되어 있으며 그 안에 담긴 물질은 '끈' 모양의 기본입자가 기타 줄처럼 진동하는 유형에 따라 고유한 성질을 나타낸다는 주장이다. 이 이론을 초끈 이론Superstring Theory이라고 부르는데, 우주를 생성과 소멸의 과정으로 보는 빅뱅 이론Big Bang Theory과 달리, 영원히 성장과 수축을 반복하는 세계로 파악한다. 불꽃놀이를 하듯 폭발하고 끊임없이 갈래가 져나가는 클레의 〈우주적 구상〉에는 수많은 초끈이 연주하는 '우주 교향곡'이 장중하게 연주되는 듯하다.

21세기는 과학자들이 초끈 이론의 대담한 가설을 간접적으로나마 증명하고자 애쓰는 100년이 될 것이다. 그 과정에서 우리는 '작은 블랙홀'을 만들어내기도 할 것이며, '우주 초기 상태'를 시뮬레이션 해보는 실험도 시도할지 모른다. 그 과정을 통해 우리의 우주에 대한 이해가 깊어질수록, 클레의 〈우주적 구상〉은 과학자들에게 새롭게 읽히고, 다시금 해석되는 작품으로 오래 남을 것이다. 화가는 '붓으로 우주를 서술하는 물리학자'라는 사실을 매 순간 증명하면서 말이다.

음악과 미술의 결합

칸딘스키와 클레는 몇 년간 서로 이웃으로 살았다. 이 두 추상화가의 공통점을 꼽자면, 색을 소리처럼 사용해 그림으로 연주를 하고 있다는 점이다. 그들은 자신의 그림을 통해 인간의 영혼을 연주하고 싶어 했다. 김광우가 쓴 《칸딘스키와 클레의 추상미술》에서는 이들의 작품을 설명하기 위해 칸딘스키가 쓴 글의 한 대목을 인용하고 있다.

〈우주적 구상〉, 1919년

"색은 영혼에 직접적으로 영향을 주는 힘이다. 색은 키보드이고, 눈은 망치이며, 영혼은 끈이 달린 피아노다. 예술가는 연주하는 손으로 하나의 키 또는 다른 키를 두들겨서 영혼이 떨리게 만든다."

아마도 이 말은 클레의 작품 세계에도 그대로 적용될 수 있을 것이다. 칸딘스키의 그림처럼 화폭에 악기와 악상기호가 난무하진 않지만, 그 역시 음악과 미술이 하나로 결합되길 진심으로 바랐다. ==그의 작품을 가만히 들여다보면 어느새 소리가 들리고, 영감 어린 음악을 듣고 있을 때면 살며시 그의 작품이 떠오르는 경험을 그는 우리와 진정 공유하고 싶었던 것이다.==

그러나 70년이 지난 지금, 그의 시도를 애정 어린 시선으로 보더라도 충분하지 못하다는 것이 내 주제넘은 생각이다. 음악과 미술은 그의 작품에서 고루 섞여 혼합물이 됐지만 아직 화합물이 되지는 못했다고나 할까?

그러나 이 '공감각적인' 주제는 21세기 현대 예술에 가장 중요한 화두가 될 것이다. 화가들은 지난 5000년간 원근법을 이용해 2차원 캔버스에 3차원 공간을 표현하고자 노력했고, 사실적 묘사로 세상을 통째로 담아내려고 했으며, 빛이 주는 인상을 캔버스에 녹여내려 애썼다. 간단한 도형과 추상으로 세상의 본질을 화폭에 추스르려고도 했으며, 자연의 움직임이나 화가의 붓놀림으로 운동과 시간, 재질과 컨텍스트를 표현하려고도 했다.

이제 현대 미술가는 우주를 캔버스에 담아내려는 노력을 넘어서 우주를 통찰하는 '인간의 마음'을 그 안에 담아내려 노력하지 않을까? 그러려면 '점, 선, 면'뿐만이 아니라 소리, 냄새, 맛, 감촉이 인지적 과정을 거쳐 어떻게 우주를 구성하는지, 우리의 기억과 주의,

감정과 의식이 어떻게 우주를 재형성하는지 연필로 스케치하고 붓으로 채색해야 할 것이다. 파울 클레는 바로 그 첫 단추를 끼운 '20세기 가장 무모했던 화가'라고나 할까?

자신을 잘 알았던 늙은 불사조

"나는 이 세상에서 이해될 수 없는 존재다. 내가 편안하게 머무는 곳은 아직 태어나지 않은 사람들과 죽은 사람들 사이에 있다. 대개의 경우 창조의 핵심에 조금 더 가까이 다가가 있지만, 아직 충분하다고 할 만큼은 아니다."

자신을 이렇게 표현했던 그는 자신을 너무도 정확히 이해했던 '늙은 불사조Aged Phoenix'였다. ✛

정지된 회화에 움직임을 기록하다.

생성과 소멸의 드라마를 그리다

파울 클레, 예술적 창세기가 시작되다

+ 진중권

정치적 보수는 문화적으로도 보수적일 수밖에 없는가? 나치 정권이 탄압한 것은 유대인과 좌익만이 아니었다. 그들은 현대미술마저 '퇴폐미술'로 낙인찍었다. 현대미술을 공개적으로 모욕하고자 나치가 조직한 '퇴폐미술전'에는 파울 클레의 작품이 일곱 점이나 들어 있었다. 거기서 그것들은 '광기와 정신병'이라는 카테고리로 분류됐다고 한다.

새로 시작하는 원점, 그 근원적 시각

파울 클레 자신이 빌미를 주었을까? 어느 잡지에 그는 이렇게 쓴 적이 있다. "예술에는 근원적 시작이라는 것이 있다. 그것을 우리는 민속학 박물관이나 아이들의 방에서 볼 수 있다. 그와 비슷한 현상이 바로 정신병자들의 그림이다." 그가 자연 부족, 어린이, 정신병자의 그림에 주목한 것은 물론 새로 시작하고자 원점으로 돌아가기 위해서였다. 하지만 나치에게 이는 진화를 거스르는 퇴화의 증거일 뿐이었다. 나치의 생물학적 세계관 속에서 퇴화는 곧 퇴폐를 의미했다. 젊은 시절 클레의 일기장에 적힌 구절은 그 힘든 시절 퇴폐예술가를 지탱해준 힘이 무엇인지 보여준다. "나는 울지 않기 위해pour ne pas pleurer 그린다. 그것이 처음이자 마지막 이유다."

클레에 따르면 예술에는 '근원적 시작'이 있다. '근원적 시작'이란 한마디로 창세를 말한다. 예술의 과제는 이 '창조 과정의 기적을 가시화해 체험할 수 있게 만드는 것'이다. 우주는 사물이 공존하는 상태가 아니라 거대한 생성과 소멸의 운동. 이 '사물 생성의 마법'을 클레는 미세한 움직임과 색의 미묘한 배치로 기록한다.

"모든 생성의 바탕에는 운동이 깔려 있다." 우주는 움직임의 총체다. 예를 들어 어떤 사람이 여객선을 타고 간다고 하자. 이 사건은 갑판에서 그의 움직임, 배의 전진운동, 물결의 움직임, 지구의 자전, 그 위 달과 별의 회전으로 이루어진다. 한마디로 사람이 배를 타고 가는 단순한 사태조차 '우주 속 움직임의 조합'으로 봐야 한다는 것이다.

독일의 고트홀트 에프라임 레싱Gotthold Ephraim Lessing은 회화를 공간예술로 간주했으나, 클레가 보기에 '공간 역시 시간적 개념'이다. 정지된 회화로 어떻게 운동을 기록할 수 있을까? 방법이 아주 없지는 않다. 예를 들어 지진계seismograph는 운동을 공간에 기록하지 않는가. 실제로 클레의 작품에 자주 등장하는 섬세한 선의 움직임은 지진계를 연상시킨다. 그것들은 생성과 소멸의 드라마를 기록한 우주계cosmograph라고 할 수 있다.

"예술은 가시적인 것을 재현하는 게 아니라, (비가시적인 것을) 가시화한다." 이렇게 대상의 재현보다는 지각의 조직화를 지향하는 것이 현대 예술의 특징이다. 하지만 클레가 이 말을 했을 때, 거기에는 이런 일반적 의미를 넘어서는 또 다른 뜻이 숨어 있었다. 클레는 자신의 말을 저 유명한 물리학 원리, 즉 앨버트 아인슈타인Albert Einstein의 상대성 원리와 연결한다. "지금은 가시적인 사물들의 상대성이 분명해졌다. 가시적인 것은 우주 전체에서 그저 고립된 예에 불과하다. (우주에는) 또 다른 진리가 엄청나게 많이 잠재되어 있다. 사물들은 더 넓고, 더 다양한 의미로 나타난다."

실현되지 않은 다섯 개의 가능성

우리 눈에 보이는 우주는 절대적인 것이 아니다. 그것은 유일한 것도 아니다. 우주란 아직 실현되지 않은 잠재성의 총체이고, 지금 우리 눈에 보이는 가시적 세계는 그것의 '고립된 예'에 불과하다. 주사위를 던지면 실현되는 것은 하나의 눈이지만, 주사위에는 실현되지 않은 다섯 개의 가능성이 있다. 클레는 이 실현되지 않은 우주의 잠재성을 전개해 가시화하려 한다.

칸딘스키처럼 클레 역시 음악에 조예가 깊어 솔리스트로 오케스트라와 협연을 하기도 했다. 클레가 "음악적 구조물을 조형적인 것으로 번역"했다는 것은 널리 알려진 사실. 시인 라이너 마리아 릴케Rainer Maria Rilke는 언젠가 지인에게 이렇게 써 보냈다. "그가 바이올린을 연주한다고 말해주지 않았어도, 나는 그의 드로잉이 음악을 옮겨 적은 것이라고 추정했을 겁니다."

클레는 당시에 이름을 날리던 아널드 쇤베르크Arnold Schönberg의 현대음악보다는 볼프강 아마데우스 모차르트Wolfgang Amadeus Mozart, 루드비히 판 베토벤Ludwig van Beethoven, 특히 요한 제바스티안 바흐

Johann Sebastian Bach의 고전음악을 더 선호했다고 한다. 그렇다고 그의 미적 취향이 보수적이었던 것은 아니다. 고전음악에서 그의 주목을 끈 것은 푸가의 기법과 같은 폴리포니(다성음악, 多聲音樂) 구조였을 것이다(폴리포니는 음악에 도입된 공간 구조라 할 수 있다). 그가 이렇게 폴리포니에 주목한 데는 우주론적인 이유가 있었다.

"여러 개의 독립적인 주제가 동시에 공존하는 현상은 음악에만 있는 게 아니다. 이는 모든 전형적인 사물들이 한 장소에서만 효력을 발휘하는 게 아니라, 그 어느 곳이나 도처에 뿌리박고 유기적으로 자리 잡고 있는 것과 마찬가지다." 한마디로 고전음악의 폴리포니는 음악에만 나타나는 현상이 아니라, 우주의 모든 것에서 발견되는 우주의 원리라는 것이다.

음악과 미술의 경계를 허문 예술가에게 문학과 미술의 경계는 문제가 되지 않았다. 뛰어난 시인이기도 했던 클레는 창작시도 꽤 남겼다. 클레의 미술 작품에 붙은 제목은 고전 예술에서처럼 그림 이미지의 동어반복도 아니고, 현대미술에서처럼 무의미한 기호도 아니다. 그것은 이미지와 상호 작용하는 텍스트로 봐야 한다. 그는 제목 붙이는 일을 종종 '세례'에 비유했다.

르네상스 이래로 텍스트는 이미지에 제목으로 붙고, 이미지는 텍스트에 삽화로 붙어야 했다. 하지만 클레의 그림에서는 종종 문자나 기호가 조형적 요소와 병존한다. 텍스트 전체가 그대로 이미지로 둔갑하기도 한다. 그의 그림에 자주 나타나는 화살표는 그림을 텍스트처럼 선형적으로 읽으라고 지시하는 듯하다.

클레는 문자언어를 형상언어처럼 사용했다. 실제로 그는 관객에게 자신의 작품 속에 등장하는 문자나 기호, 텍스트를 소리 내어 읽으라고 요청했다. 시각과 청각의 공감각으로 관객의 심리에 영향을 끼치려 했던 것이다. 이때 침묵의 장르에 속하던 그림은 음성회화Laurmalerei, 즉 소리 나는 회화가 된다.

그림 속 문자를 소리 내어 읽어보라

칸딘스키와 달리 클레는 정신을 표현하려 하지 않았다. 그에게는 묘사해야 할 대상이 있었다. "대상은 세계였다. 물론 눈에 보이는 이 세계는 아니지만." 그의 작업은 외부의 '재현'도 아니고, 내면의 '표현'도 아니었다. 클레는 자신을 영매로 생각했다. "작품은 저절로 발생한다. 그래픽은 열매처럼 무르익어 저절로 떨어진다. 나의 손은 내가 아닌 어떤 의지의 도구다."

클레의 작품에는 나뭇잎, 과일 껍질, 성게, 해마, 해초, 산호, 나비와 비슷해 보이는 환상적 형상들이 자주 등장한다. 우리가 보는 세계는 우주가 가진 잠재성의 총체 중 한 가지에 불과하다. 우주에는 실현되지 않은 대안적 세계들이 얼마든지 존재한다. 클레는 바로 그것을 가시화한다. 그리하여 그의 작품에서 실재적인 것과 환상적인 것은 하나로 어우러진다.

클레는 어떤 유파에도 속하지 않았고, 스스로 유파를 창시하지도 않았다. 형식의 완전성에 집착하는 그의 태도가 어떤 눈에는 충분히 현대적이지 않게 보일 수도 있다. 하지만 이미지와 텍스트의 결합으로 실재적인 것과 환상적인 것이 뒤섞인 잠재적 세계를 실현한다는 점에서, 클레는 이미 디지털 생성의 시대를 예고했다. ✛

21 + 박사
지식의 증명서? 혹은 사람의 가격?

사람의 가격은?

박사 따느니 곡예비행을 배우겠다

박사 학위 없는 석사를 위조해주는 사회,
최근에는 '학벌 사회를 정공법으로 돌파하는 존재 미학'마저 이상해지다

+ 진중권

"아, 나는 철학을 공부하고, 법학을 공부하고, 의학을 공부하고, 신학까지 공부하고 (……) 석사라 불리고, 심지어 박사라고 불리나……."

괴테의 〈파우스트〉의 첫 구절이다. 언젠가 독일에서 이를 패러디한 만화를 보았다. 외로운 방에 혼자 앉은 파우스트 박사. 혼자서 이렇게 한탄한다. "아, 나는 철학을 공부하고, 법학을 공부하고 (……) 석사라 불리고, 심지어 박사라 불리나, 지금은 실업자다 arbeitslos."

박사도 실업자가 되는 세상에 석사가 온전하겠는가? 얼마 전만 해도 석사 학위만 갖고도 강의를 할 수 있었는데, 요즘엔 박사 아니면 그 알량한 강사 자리도 잘 안 주는 분위기다. 주위에서 강의를 하다가 잘렸다는 석사들의 얘기를 자주 듣는다. 공급이 수요보다 많으면 상품의 값이 떨어지는 법. 강의를 하는 사람의 가격도 자본주의의 이 일반적 법칙에서 자유롭지는 못하다. 하지만 교원의 임용 기준이 강화됐다고 강사에 대한 대우 역시 강화됐다는 얘기는 아직 듣지 못했다. 그러니 전반적으로 사람값이 떨어진 것일 터이다.

섬세한 미감에 맞지 않는 '사계의 권위자'

강사 자리에서 잘리는 일을 지난해에 처음으로 겪었다. 여름방학이 끝나갈 무렵, 서울에 있는 어느 사립대학에서 2학기 때부터는 강의를 못 맡게 됐다고 연락이 왔다. "사유가 뭐죠?" "박사 학위가 없어서요." 좀 아쉽기는 했다. 사이버 강의라 직접 강의실에 나가지 않아도 되는 환상적 강의였기 때문이다. 게다가 수강생이 300명을 넘는 바람에 강사료도 꽤 짭짤했다. 하지도 않은 강의의 대가로 통장에 적잖은 액수의 강사료가 찍히는 것을 보면, 누구라도 벤야민 못지 않은 기술복제의 예찬자가 되고 말 것이다. 오, 위대한 인터넷이여.

"아, 그래요? 예, 알았습니다." 건조하게 대답하고 전화를 끊었다. 그리고 5분 정도 지났을까? 다시 그쪽에서 전화가 걸려왔다. 무슨 일이냐고 물었더니, 미안하다면서 자기들이 규정을 오해했다고 한다. "선생님은 예외입니다." "왜요?" "교직 경력 10년 이상이거나 사계의 권위자인 분은 예외입니다." 기가 막혀서 한마디 톡 쏘아주고 전화를 끊어버렸다. "제가 독일에서 온 지 8년, 교직 경력이 아직

10년이 안 됐거든요? 게다가 이른바 '사계의 권위자'라는 분들을 평소에 좀 우습게보는 편이라, 그런 거 되고 싶은 생각 없거든요."

고작 강의 자리 하나에 '박사' 밝히는 것도 짜증 났지만, 무엇보다도 '사계의 권위자'니 뭐니 하는 촌스러운 표현이 내 섬세한 미감에 심히 거슬렸던 모양이다. 게다가 자기들이 먼저 나보고 강의를 해달라고 해서 해준 거지, 내가 언제 자기들한테 강사 자리 달라고 졸랐나? 잠시 후에 또다시 전화가 걸려왔다. 그것은 행정의 착오였으며, 내가 강의를 안 하면 자신이 곤란해진단다. 그래서 당신한테 화가 난 게 아니라, 그 이상한 조항을 새로 만들어낸 그 인간들이 재수 없어 거부하는 것이라고 말해주고 전화를 끊었다.

나 말고도 여러 사람이 그런 전화를 받았을 것이라고 생각하니, 더욱더 그 강의는 맡아서는 안 될 것 같았다. 같은 석사인데, 잘 팔리는 책 몇 권 냈다고 왜 나만 예외로 인정받아야 하는가? 석사 학위만 갖고 그 학교에서 강의를 하던 분 중에는 기회만 주어진다면 나보다 더 훌륭하고 더 잘 팔리는 책을 쓸 이들도 얼마든지 있을 것이다. 그러니 석사 학위를 가진 사람은 강의를 맡을 수 없다는 게 거부할 수 없는 대학의 정언명법이라면, 다른 석사 출신들과 기꺼이 그 보편적 운명을 공유하는 게 윤리적이라 판단했다.

그 일이 있은 지 얼마 뒤, 공교롭게도 바로 그 대학의 어느 과에서 이번엔 겸임교수를 맡아달라고 연락이 왔다. 석사라서 강사를 못하는 대학에서 석사가 겸임교수는 할 수 있다? 삶의 이치는 이렇게 심오하다. 그보다 더 황당한 것은 정작 나도 관심 없는 내 학벌에 남들이 더 신경을 쓴다는 사실. 최근 한국예술종합학교(한예종) 사태와 관련해 '거시기' 한 우익 매체에서 일제히 내가 박사가 아니라고 집요하게 모욕을 해댄 적이 있다. 그런데 내가 아는 한 그자들은 모두 학사다. 이렇게 석사가 학사에게 학력 차별을 당하는 게 대한민국에 사는 묘미다.

학벌주의 폐해 토론에 '박사 운운'

그 반대의 방향으로도 그에 못지않게 짜증 나는 경험을 한다. 사실 이놈의 '박사에 대해 글을 쓰는 게 이번이 처음이 아니다. 몇 년 전 유명인의 학벌 위조 문제로 사회가 시끄러울 때 어딘가에 이렇게 쓴 바 있다.

> 요즘 학벌 위조한 사람들 적발해내느라 사회가 발칵 뒤집혔다. 내 경우에는 외려 반대의 경험을 한다. 나는 열심히 진짜 학벌을 밝히고 다니는데, 사회가 그것을 애써 감추어두고 자신들이 막 내 학위를 위조해준다. 강연에 가서 늘 듣는 소개말. "베를린 자유대학에서 박사 학위를 받으시고……." "명예박사 학위로 알고 감사히 받겠습니다"라며 농으로 받아넘기지만, 솔직히 말하면 속으로는 짜증이 난다.
>
> 얼마 전 한국의 학벌주의 폐해를 논하는 방송사의 토론에 나갔다. 아니나 다를까. 작가가 보내준 패널 소개를 읽어보니, 이번에도 베를린 자유대학 박사란다. 황당하게도 학벌주의를 철폐하자고 하는 방송에서까지 굳이 학벌을 밝히려 한다. 그냥 '중앙대학교 겸임교수'라고만 하면 안 되나? 도대체 내가 어느 대학 나와서 무슨 학위를 받았는지, 그게 토론과 무슨 관계가 있단 말인가?
>
> 대개 강연을 하면 주최 측에서는 자신들이 부른 강사를 대단한 사

람으로 부풀려야 한다. 실제로 내가 박사 학위를 받은 적 없다고 수정을 해주면, 청중 중에는 실망하는 눈빛을 감추지 못하는 사람들도 보인다. 잡지사에 글을 기고할 때도 마찬가지다. 잡지사 쪽에서는 자신들의 기고자에게 되도록 좋은 학벌의 후광을 뒤집어씌우려 한다. 하지만 솔직히 나는 이런 일을 당할 때마다 모욕감을 느낀다.

    교수 자리 줄 테니 박사 학위를 받으라고 한다. 하지만 그저 교수가 되려고 학위를 받는 것은 내 삶의 원칙에서 벗어나는 일. 굳이 정교수 자리가 아니더라도, 나는 내가 하고 싶은 공부를 하는 데 큰 불편을 못 느낀다. 학위를 따는 데 드는 시간과 비용이 있다면, 차라리 미국에 가서 조종사 면장을 따고 곡예비행을 배우는 게 내 삶을 더 풍요롭게 하리라 믿는다. **사회가 학벌을 차별한다고 굳이 사회의 요구에 맞춰 학벌을 딸 필요가 없다.** 그렇게 하는 것은 조선 시대 상민들이 신분제를 철폐하기 위해 스스로 양반이 되려고 한 것과 큰 차이가 없다.

굳이 사회의 요구에 맞춰 학벌을 따야 할까

도대체 어떻게 해야 하나? 결론도 이미 그때 내려놓았다.

실력을 갖고도 학벌이 없어 인정을 못 받는 것은 그다지 바람직한 현상이 아니다. 하지만 그렇다고 마냥 사회만 탓하는 것도 그리 생산적인 것 같지는 않다. 이 문제를 극복하는 데는 사회와 개인 모두의 노력이 필요하다. 사회는 그런 차별을 가능하게 하는 제도적 장치를 없애는 데 노력해야 하고, 개인은 학벌을 위조하는 위법이나 그 차별을 그대로 받아들이면서 사회와 적당히 타협하는 편법이 아니라 정공

법으로 그런 차별의 벽을 돌파해나가는 존재 미학을 실천해야 한다. 그렇게 힘들게 얻어낸 명예는 그만큼 더 고상한 것이다.

그때만 해도 이런 얘기를 자연스럽게 할 수 있었는데, 불과 몇 년 사이에 사회 분위기가 참 더럽게 이상해졌다. ✚

Ph. D.

물리학자? 그게 직업이야?

'박사'를 향한 청춘들의 고군분투

**널린 게 박사인 시대
그가 모든 걸 알고 있다고 착각하지 말라**

✚ 정재승

미국의 한 대학에서 박사 과정을 수학하던 조지 참 Jorge Cham은 1997년부터 자신의 대학원 생활을 서너 컷의 만화로 그려 웹사이트에 올리기 시작했다. 이 만화 속에는 실력은 없으면서 모든 명예를 독차지하려는 이기적인 지도교수, 연구하는 게 너무 싫어서 '해야 할 일 to-do list'을 날마다 미루며 게임에 빠진 대학원생들, 연구에 기여는 별로 안 하면서 논문에 이름이 올라가길 원하는 연구 동료들, 품위 있는 단어로 젠체하며 "당신 논문 형편없어!"를 외치는 논문 심사위원들 등 '대학원생이 겪는 일상'이 냉소적으로 풍자되어 있다.

 이 만화는 학생들 사이에서 큰 공감을 불러일으키며 폭발적인 인기를 끌었고, 그는 박사를 받은 후에 더 이상 연구를 하지 않고 본격적인 만화가의 길로 들어섰다. 그는 전 세계 대학원생들과 '대학원 생활을 이미 겪은' 연구자들의 높은 방문 수를 자랑하는 'www.phdcomics.com'을 운영하며 '학계의 유명 인사'가 됐다.

중요 변수는 매번 돌변하는 교수의 마음

이 사이트에 실린 만화 중에서 '박사가 되기 위한 뉴턴의 세 법칙'이란 게 있다. 우선 하나는 '관성의 법칙'이다. 세상 모든 대학원생은 교수라는 외부 힘이 작용하지 않는 한, 계속 '할 일 미루기' 상태를 유지하려는 경향이 있다는 것.

두 번째 법칙은 'F=ma 또는 a=m/F'로 표현되는데, '힘의 법칙'을 연상시키는 이 법칙에서 a는 가속도가 아니라 박사 과정을 마치는 나이age를 의미한다. 박사 학위를 받는 나이는 학생의 성취동기m: motivation가 높을수록 짧아지지만, 그에 못지않게 중요한 변수가 '지도교수의 매번 돌변하는 마음f:flexibility'이라는 것. 지도교수가 마음 내킬 때 학위를 주기 때문에 때로는 매우 길어질 수 있다는 뜻이다(물론 성취동기가 0이 되어도 박사 수학 기간은 무한정 늘어난다).

세 번째 법칙은 '작용-반작용의 법칙'이다. 박사 과정에서 중요한 고비가 있을 때마다 항상 그것을 방해하는 일이 꼭 터진다는 것. 박사 자격시험을 볼라치면 몇 년간 없었던 여자 친구가 갑자기 생기고, 논문 심사 막바지에 가면 잘 지내던 그/그녀와 꼭 깨진다는 것. 이래서 알량한 박사 학위 증명서 하나를 받는 데 청춘을 온통 바쳐야 한다. 그러고 나면 도대체 무엇이 그들을 기다리고 있을까?

우리나라에 있는 대학의 수는 1970년 152개에서 2008년 368개로 두 배 이상 증가했고, 대학 진학률도 28.6퍼센트(1970년)에서 83.8퍼센트(2008년)로 급증해 일본(49.1퍼센트)이나 미국(63.3퍼센트)에 비해 훨씬 높은 편이다. 이 중 이공계 대졸자 수는 인구 10만 명당 238.9명으로, 미국(111.0명), 독일(82.1명), 일본(126.9명)이 따라오

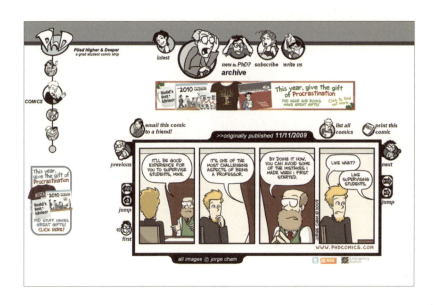

지 못할 정도다. 그러나 이공계 박사 수는 인구 1000명당 2.9명으로, 스위스의 5분의 1, 독일의 2분의 1 수준에 불과하다. 취직이 잘 안 되어서 대학원에 간다는 학생들의 말을 종종 들을 정도로 박사 과정에 들어간다는 것은 젊은이들에게 때론 '우울한 미래'인 모양이다.

"물리학? 그럼 박사 받으면 나중에 뭐가 되는 거야?"

"물리학자."

"그게 직업이야?"

내가 박사 과정 때 여학생들이 내게 제일 많이 물어본 질문이다. 나는 스물다섯 살이 되어서야 '물리학자'가 보통 사람들이 생각하는 '직업의 종류'가 아니라는 사실을 알았다.

소개팅 한 여학생들만이 아니라, 같은 과 대학원생들도 나를 많이 걱정해줬다.

"물리학 박사가 뇌를 연구하면 나중에 뭐가 될 수 있어?"

박사라고 불리고 싶었던 대통령

공대생들에 비하면 비전 없기는 마찬가지인 같은 '물리학과 박사 과정' 친구들에게 이런 말을 듣는 내 자신이 비참할 만도 한데, 그때는 그런 생각을 할 만큼 철이 들지 않았던 것 같다. 그저 연구가 좋아서 했지, 미래나 직업은 별로 고민하지 않았다고나 할까? 석사 때 천체물리학을 공부하는 나를 취직이 안 될 거라며 걱정해주던 친구들에게 뇌 모델링에 푹 빠져 사는 내가 얼마나 현실감각 없는 철부지로 보였을까 지금은 짐작이 간다.

우리나라에서 박사 학위를 취득하는 데 필요한 기간은 평균 6.7년(석사 2년 포함). 그 후에도 정식 연구원이나 교수가 되려면 최소한 3년 이상의 박사 후 과정postdoc fellow을 필수적으로 밟아야 하니 청춘을 온전히 바쳐야 하는 것은 맞는 말이다.

그런데 연봉은, 훨씬 적게 공부한 의사나 변호사의 절반 수준이니 자괴감이 들 만도 하다. 매년 출간되는 정부 보고서는 국내 이공계 인력의 직무 환경 만족도가 70퍼센트를 상회했던 IMF 이전에 비해 45퍼센트 이하로 점점 낮아지고 있으며, 연구 독립성이나 자기계발에 대한 만족도도 점점 떨어지는 추세라고 일러준다.

그렇다면 왜 대학원생들은 박사를 받으려고 밤마다 연구실의 불을 밝히며 '연구'라는 걸 하는 것일까? 저마다 이유가 다르겠지만, 나는 우주와 자연과 생명과 의식에 대한 근본적인 물음에 답하기 위해 평생 탐구하는 삶이 가장 고귀하다고 믿기 때문이었다. 인간은 이 거대한 우주 안에서 먼지처럼 보잘것없는 존재이지만, 이 우주가 얼마나 거대한지를 이해하는 경이로운 존재이기도 하다. 이 우주가 어떻게 탄생해서, 지구라는 작은 행성에 자연과 생명의 싹을 틔우고, 이렇게 '의식하는 존재' 인간을 만들었는지를 탐구하며 사는 삶은 돈 따위로 가치를 매길 수 없다.

사람들은 때론 '요즘엔 널린 게 박사'라며 이승만 시대에서 튀어나온 사람처럼 너무 많아진 박사들을 무시한다(실제로 이승만 시대엔 박사가 대통령보다 더 귀해서 이승만은 '박사'라는 호칭을 듣길 더 원했다고 들었다). 사람들은 또, 요즘 박사는 공부의 깊이가 얕고 너무 좁은 영역을 파고들기만 한다며 '넓을 박博'의 박사博士가 아니라 '엷을 박薄'의 박사薄士라고 경박해진 박사를 폄하하기도 한다.

하지만 그게 다 그만큼 인간의 지식이 방대하게 쌓였기 때문이다. 세상 모든 지식을 다 이해하기에 인류는 너무 많은 것을 알아버렸다. 노벨상 수상자들의 삶을 분석한 어느 과학사회학자의 책에 따르면, 노벨상 수상자가 '노벨상 연구의 아이디어'를 처음 착상한 시기가 평균 36~38세라고 한다(노벨물리학상은 36세, 화학상은 37세, 생리의학상은 38세). "물리학자는 30세가 넘어가면 좋은 연구를 할 수 없다"라는 닐스 보어Niels Bohr의 말과는 달리, 현대 과학자들은 예전보다 훨씬 더 많은 시간을 기존 연구를 이해하는 데 씨름해야 한다.

무릇 '박사'란 그저 '아무도 던지지 않았으나 매우 중요한 질문을 세상에 던지고, 논리적이고 통찰력 있는 사고 과정을 통해 그 답을 스스로 찾아 세상에 새로운 지식 하나를 던지는 과정'을 무사히 마쳤다는 것을 증명하는 일종의 자격증이다. ==박사 학위를 받으면, 그는 이제 지도교수의 지도에서 벗어나 '독립된 연구자'로서 세상에 나아가 수많은 질문에 자신 있게 대면할 용기를 얻게 되는 것이다.== 그가 제 분야에서 모든 걸 알고 있기를 기대하지 마시라.

가장 열정적이던 시절

고백건대, 내 인생에서 가장 열정적이었던 시절은 박사 과정 때였다. 박사 과정이 행복했던 이유는 아무런 방해도 받지 않고 세상 물정 모르고 수많은 책과 논문과 자료를 미친 듯이 읽을 수 있는 시간과 자격을 부여받았다는 것, 그리고 실험실에서 밤을 새우며 데이터와 씨름하고, 논문의 문장 하나를 수정하는 데 며칠 밤을 새울 수 있는 열정의 추억을 갖게 됐다는 것이다. 이런 기회를 부여받은 삶이 많지 않다는 것을 세상에 나가보면 비로소 알게 된다.

내게 꿈이 있다면, 내 사회적 나이가 끝나고(요즘같이 살벌한 시절, 정년퇴임까지 일할 수 있다면 얼마나 좋을까?) 생물학적 나이가 허용하는 날까지, 새로운 학문에 도전해 대학원생의 마음으로 '박사' 공부를 해보는 거다. 인류학이나 경제학, 건축학 같은 근사한 학문에서 인간이 쌓아 올린 지식을 모르고 죽는다는 것은 너무나 슬픈 일이니까.

박사에 대한 음담패설 중에 박사 학위의 약어인 'Ph.D.'가 'Pretty Huge Dick(매우 큰 성기!)'이란 게 있다. 그러나 나는 'Ph.D.'가 'Pretty Huge Dream'이라고 믿는다. 세상 모든 지식을 섭렵하고 싶은 거대한 꿈 말이다. ✦

+ 에필로그

생활 세계의 현상학

한때 '짐멜 르네상스'라는 것이 있었다. 널리 알려진 바와 같이 게오르그 짐멜Georg Simmel은 이제까지 주목 받지 못했던 미시적 현상을 분석함으로써 사회의 거시적 구조에 접근하려 했다. 한편, '포스트'라는 이름을 달고 나온 담론의 영향으로 사회변동의 거시적 법칙에 집착하던 역사학계에서도 한 동안 '미시사' 연구가 유행한 적이 있다. 이런 접근 방법은 지고한 추상을 향하던 학문의 눈을 오감으로 확인 가능한 구체적 일상으로 돌려놓았다. 아울러 구체적인 것에 천착하는 이 방법은 추상적인 것을 향하는 전문가의 눈과 구체적인 것을 향하는 일반 대중의 눈을 모두 만족시켜주는 장점이 있다.

지금 사회는 어떻게 변화하고 있을까? 그 변화의 방향을 우리의 오감으로 확인할 수 있는 대중의 일상에서 읽어내는 것은 매우 매력적인 작업이다. 산업혁명이 자연과 도시의 풍경, 인간의 일상을 크게 바꾸어 놓았다면, 최근에는 정보혁명이 한때 산업혁명이 발휘하던 그 역할을 넘겨받은 듯하다. 특히 디지털 테크놀로지는 인간과 기계가 만나는 인터페이스 디자인에 혁명적 변화를 가져왔다. 이는 우리가 미처 의식하지도 못하는 사이에 인간과 자연의 관계, 인간과 인간의 관계, 나아가 인간 자신을 과거와는 완전히 다른 모습으로 변화시키고 있다. 인간은 기술과 더불어 공진화하고 있다.

우리의 일상을 둘러보자. 구글의 검색엔진과 애플의 아이폰, 세컨드 라이프와 마이너리티 리포트의 촉각적 인터페이스, 일본의 망가와 팬시 상품의 캐릭터, 스타벅스 커피와 프라다 스토어, 몰래카메라와 셀프 카메라, 그리고 현대 여성의 할례 의식이 된 쌍꺼풀 수술. 이것이 오늘날 대중의 일상을 구성하는 요소들이다. 그 요소들 속에서 우리는 시대의 정신(?)을 읽을 수 있다. 책을 읽던 대중은 구글을 검색하고, 교양으로 자신을 형성하던 대중은 셀카로 정체성을 구축하고, 물리적 대상을 소비하던 대중은 이제 거기에 구현된 판타지와 내러티브를 구입한다. 이 현상은 대체 무엇을 의미할까?

이 책의 의도는 동일한 사안을 놓고 인문학과 자연과학의 시각을 교차시켜, 거기서 확인되는 편차를 통해 사물을 더 깊이 이해하자는 데 있었다. 이 콘셉트 자체가 현실의 층위에 정보의 층위가 겹쳐지고, 예술과 과학/기술의 경계가 흐려져 하나로 융합이 되는 시대를 반영할 것이다. 혹시 독자들 중 인문학자와 자연과학자의 역할 구별이 분명하지 않다는 지적이 있을 수도 있으나, 어떻게 보면 이 역시 디지털 시대에 새로 등장한 어떤 경향의 소산일 것이다. 최근에는 분과간Inter-disciplinary 협력에서 분과의 경계 자체를 넘나드는 초분과적trance-disciplinary 연구의 경향이 등장하고 있지 않은가.

굳이 말하자면, 이 책은 '디지털 생활 세계의 현상학'을 구축하기 위한 첫걸음이다. 물론 비교적 가벼운 글이기 때문에 본격적인 연구라 할 수는 없다. 하지만 21세기 대중의 일상을 구성하는 요소들을 키워드로 삼아 이 사회의 현재와 미래를 읽어내려는 시도 자체는 매우 흥미로우면서 전망이 밝은 작업이라 굳게 믿는다. 물론 그 시도가 얼마나 성공했는지 판단하는 것은 독자들의 몫으로 남는다. 마지막으로 기꺼이 이런 글쓰기의 동반자가 되어주신 정재승 선생과 인내를 가지고 기다려준 웅진지식하우스 여러분께 감사를 드린다.

진중권

이 책에 사용된 사진은 저작권을 가지고 있는 분들의 허락과 도움을 받아 게재한 것입니다. 저작권자를 찾지 못하여 게재 허락을 받지 못한 일부 사진에 대해서는 저작권자가 확인되는 대로 게재 허락을 받고 통상의 기준에 따라 사용료를 지불하도록 하겠습니다.

크로스

초판 1쇄 발행 2009년 12월 15일
초판 19쇄 발행 2011년 9월 29일

지은이 정재승 + 진중권 발행인 최봉수 총편집인 이수미 편집주간 신동해
교정 서영의 표지디자인 민진기 본문디자인 박대성 일러스트 김중화
제작 한동수 류정옥 마케팅 박창흠 한정덕 이은미 최미현
발행처 (주)웅진씽크빅 출판신고 1980년 3월 29일 제406-2007-00046호
임프린트 웅진지식하우스 주소 서울시 종로구 동숭동 199-16 웅진빌딩
주문전화 02-3670-1570, 1571 팩스 02-747-1239
문의전화 02-3670-1174(편집) 02-3670-1123(영업) 홈페이지 http://www.wjbooks.co.kr

ⓒ 정재승, 진중권 2009

ISBN 978-89-01-10381-5

웅진지식하우스는 (주)웅진씽크빅 단행본개발본부의 임프린트입니다.
이 책은 저작권법에 따라 보호받는 저작물이므로 무단전재와 무단복제를 금지하며,
이 책의 전부 또는 일부를 이용하려면 반드시 저작권자와 (주)웅진씽크빅의 서면 동의를 받아야 합니다.
이 도서의 국립중앙도서관 출판시도서목록(CIP)은 e-CIP 홈페이지(http://www.nl.go.kr/cip.php)에서 이용하실 수 있습니다. (CIP제어번호 : CIP2009003957)

책값은 뒤표지에 있습니다.
잘못된 책은 구입하신 곳에서 바꾸어 드립니다.